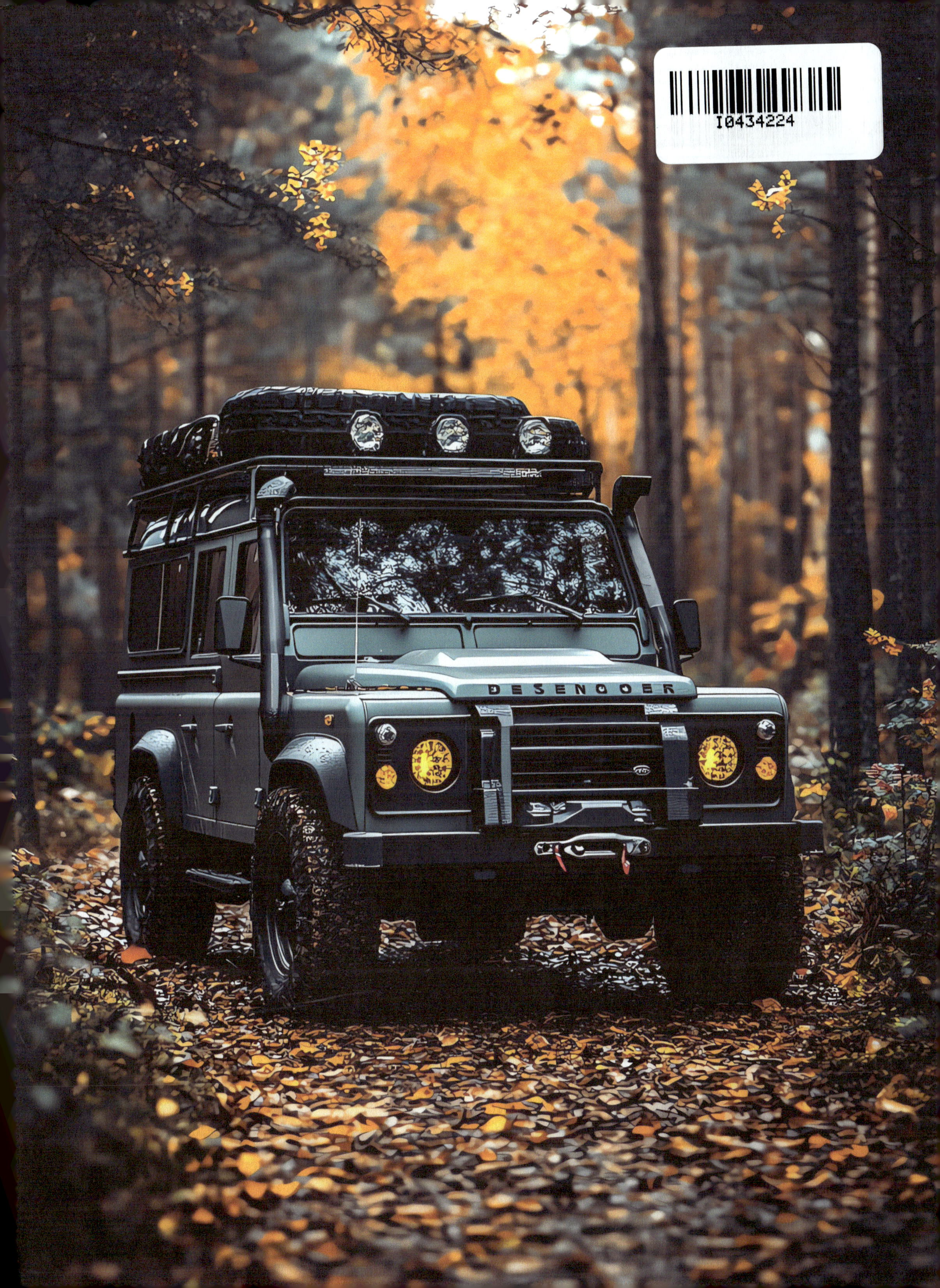

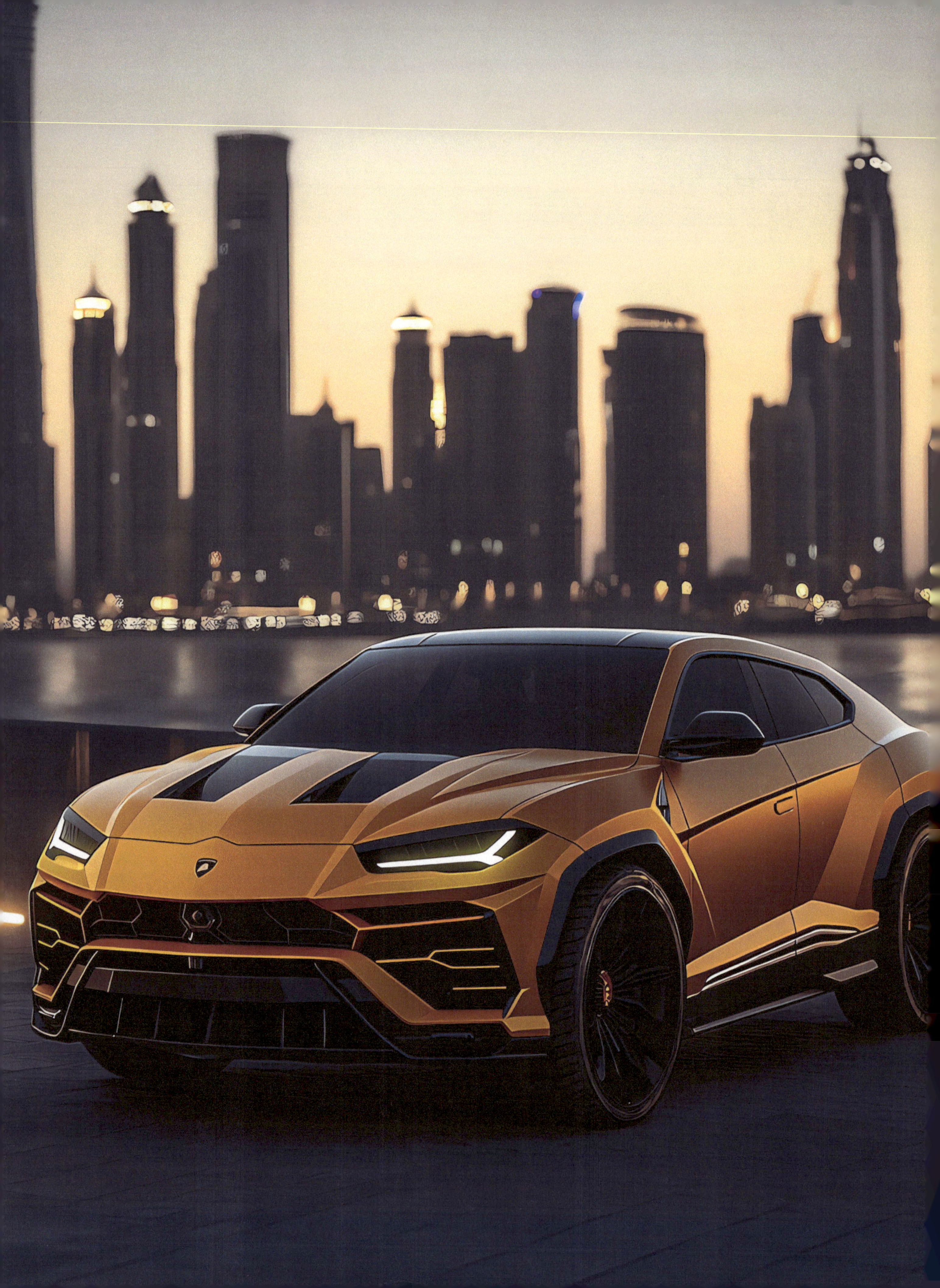

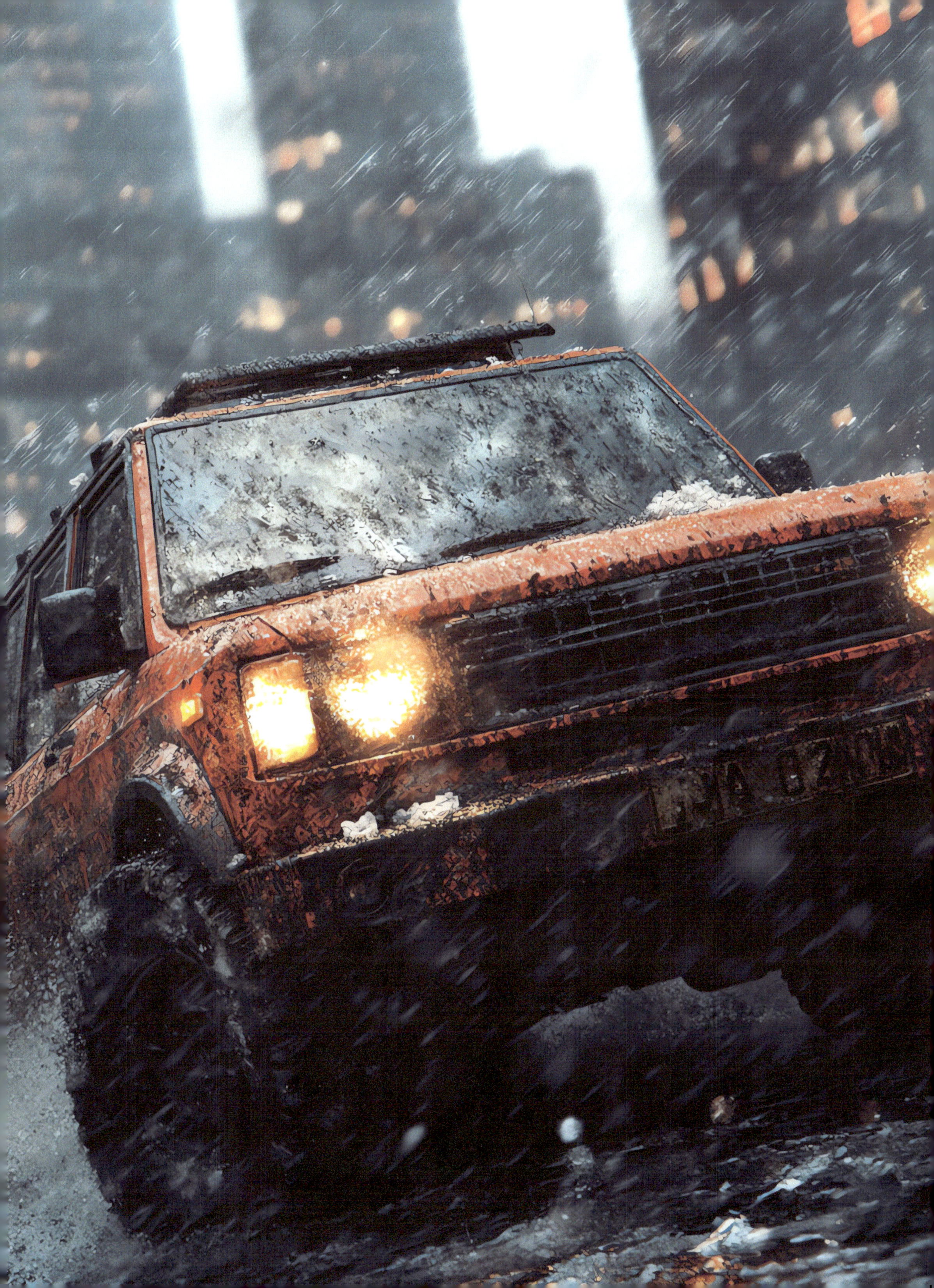

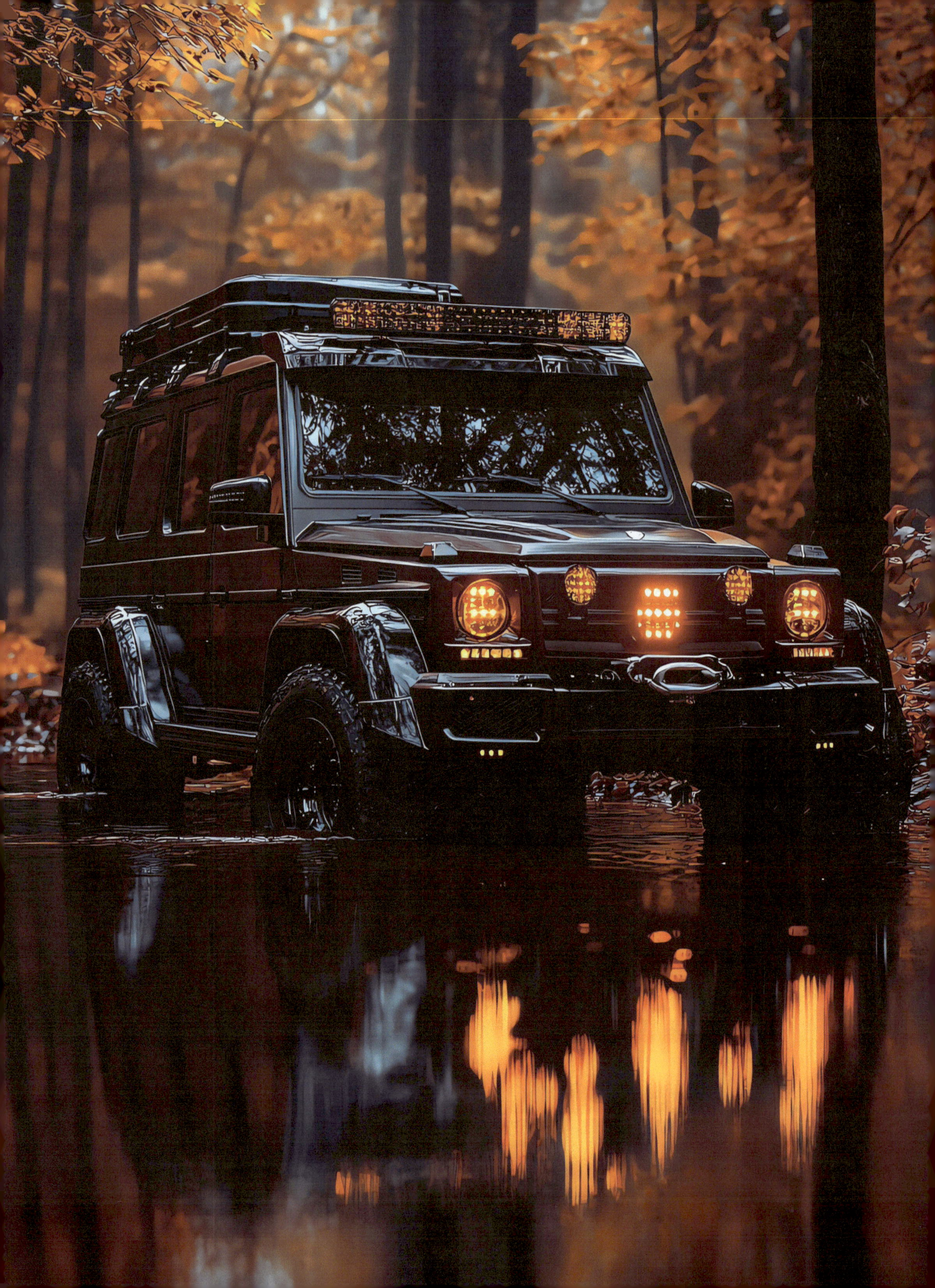

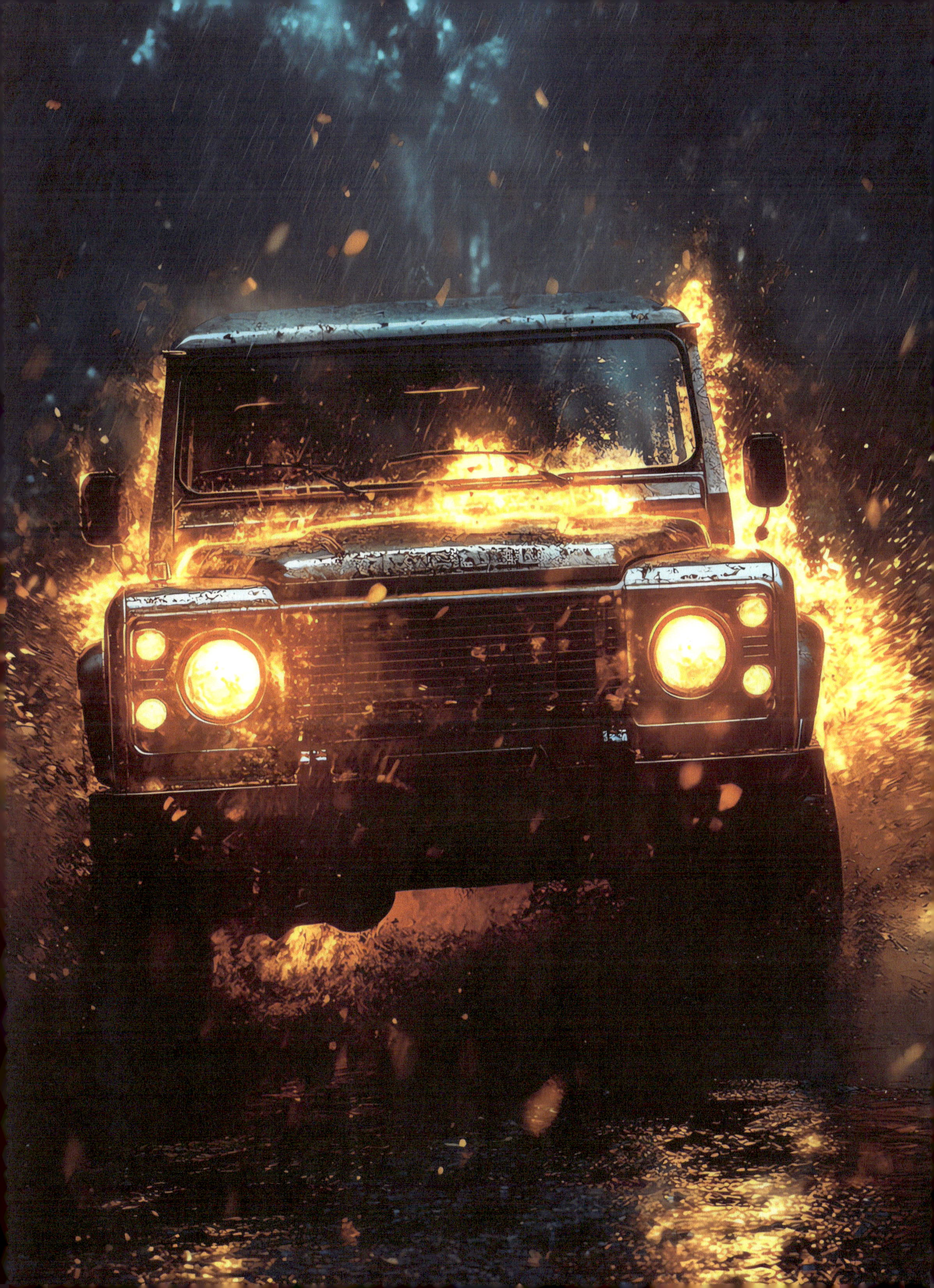

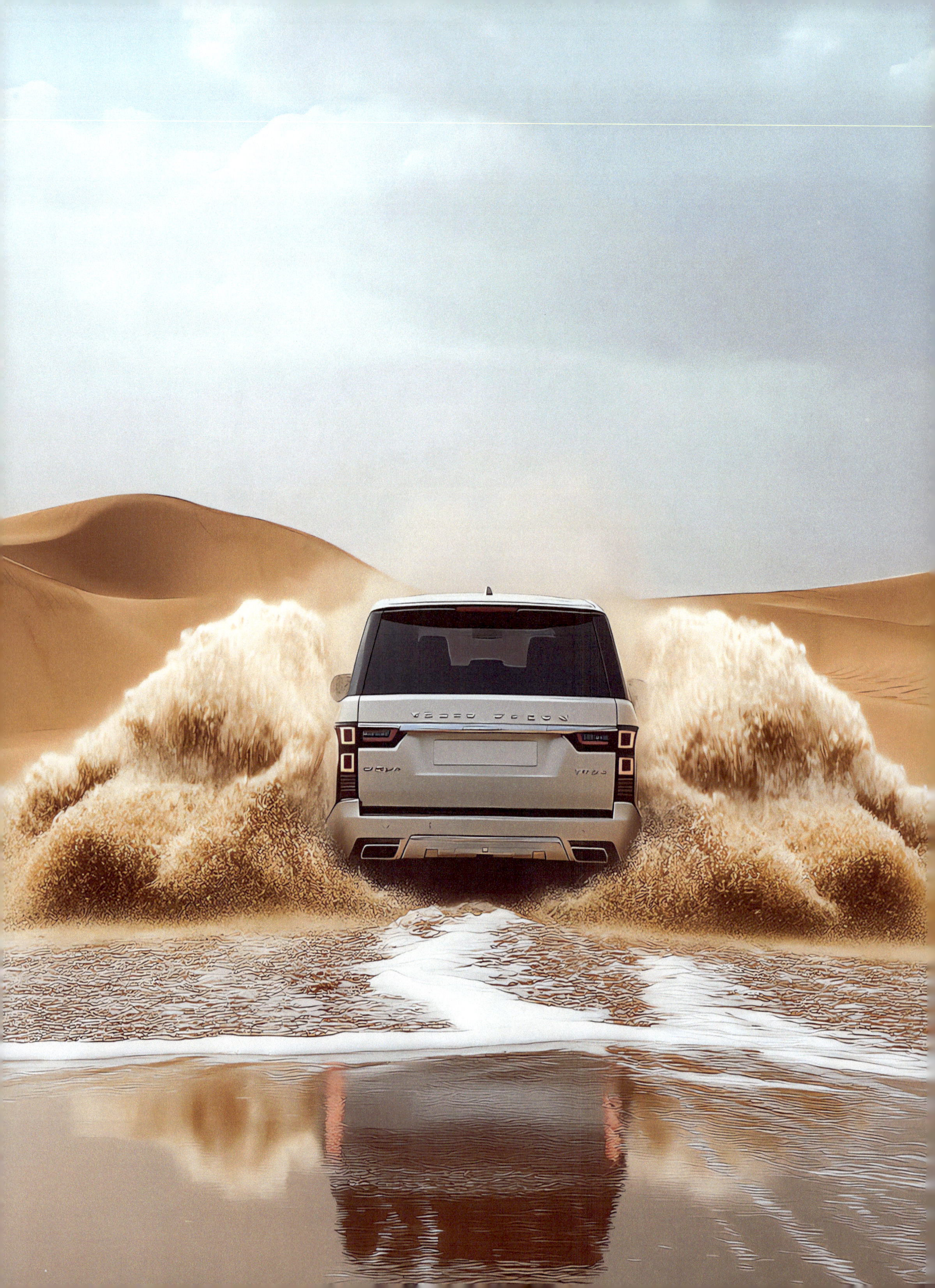

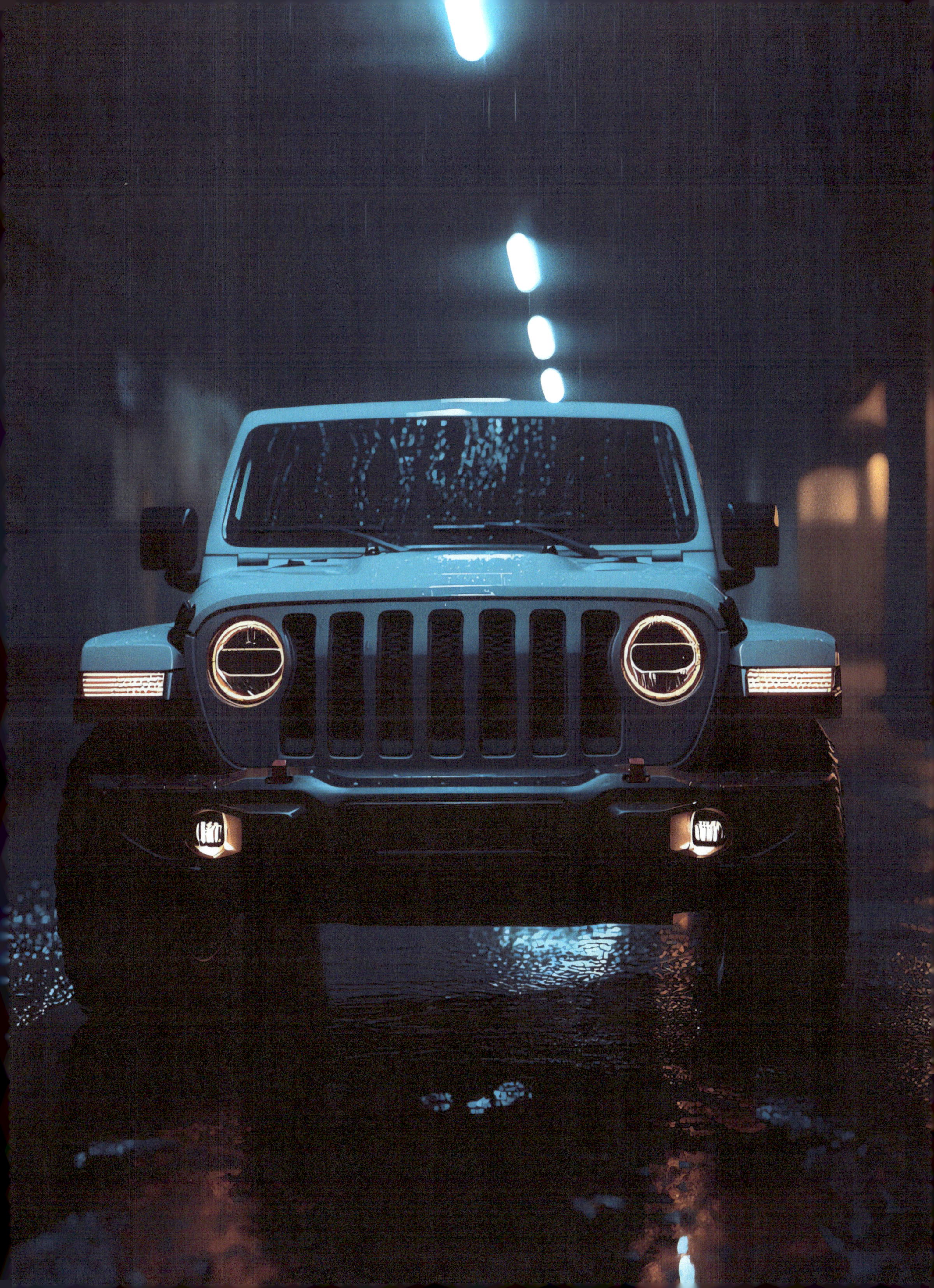

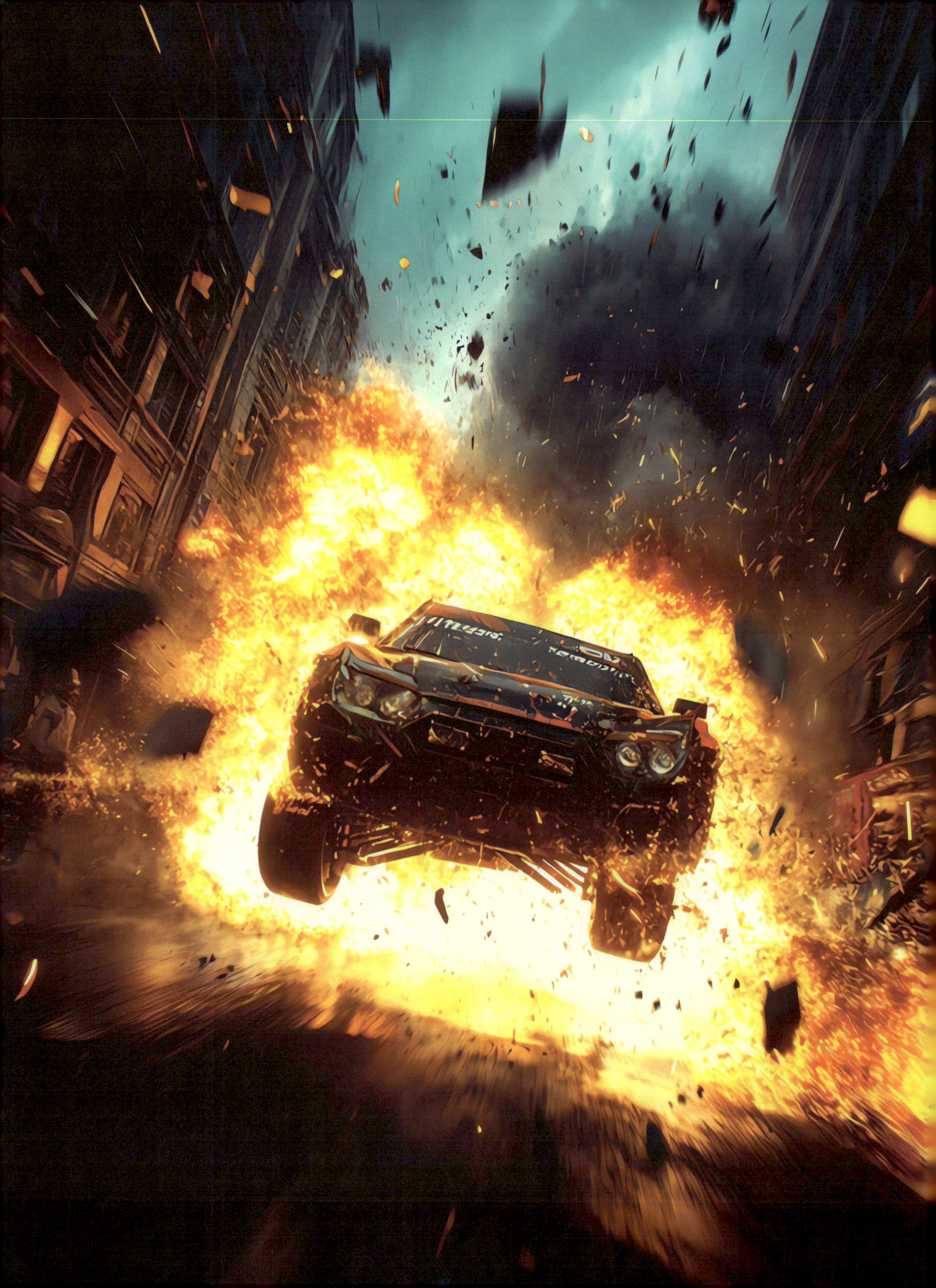

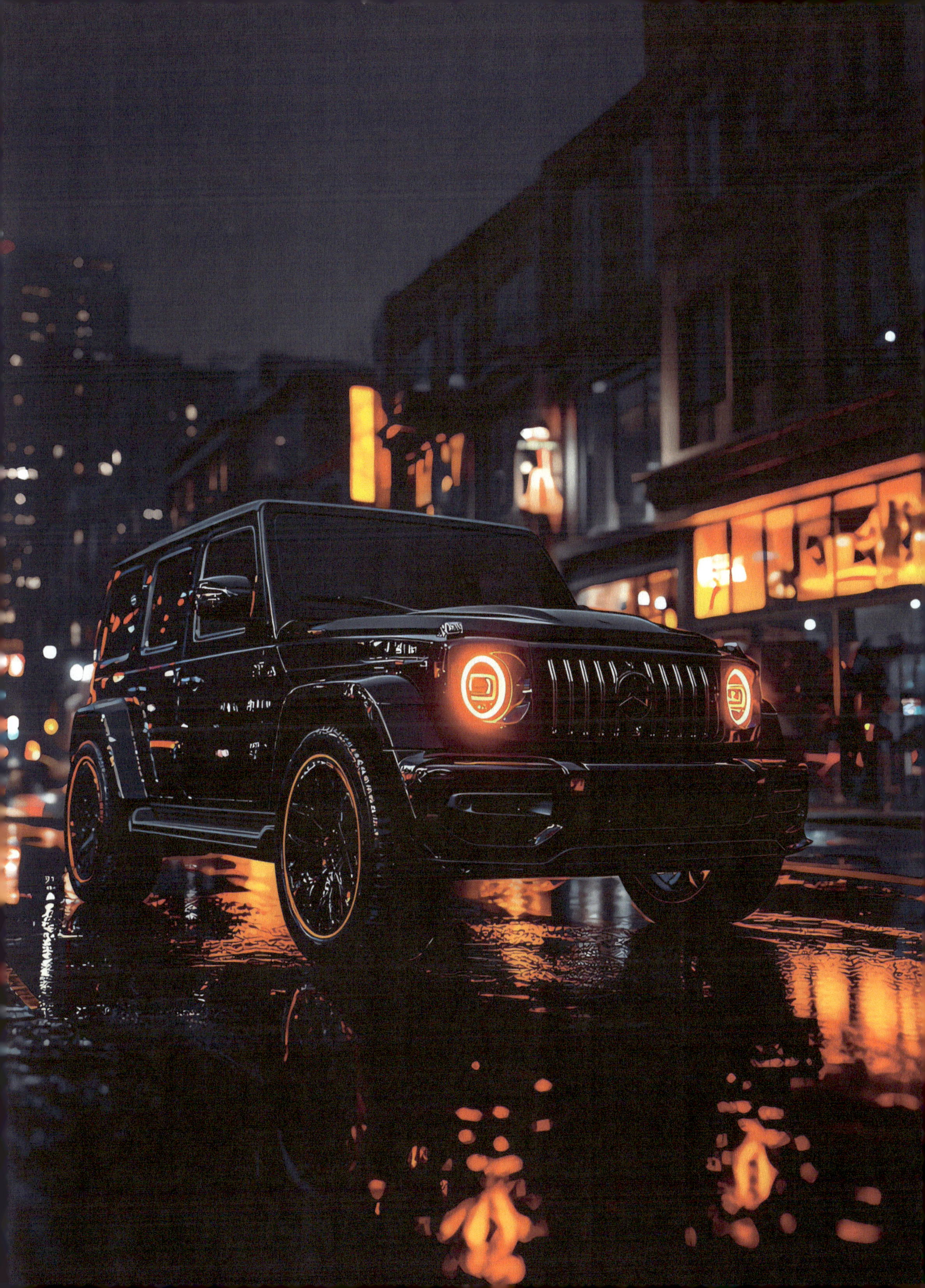

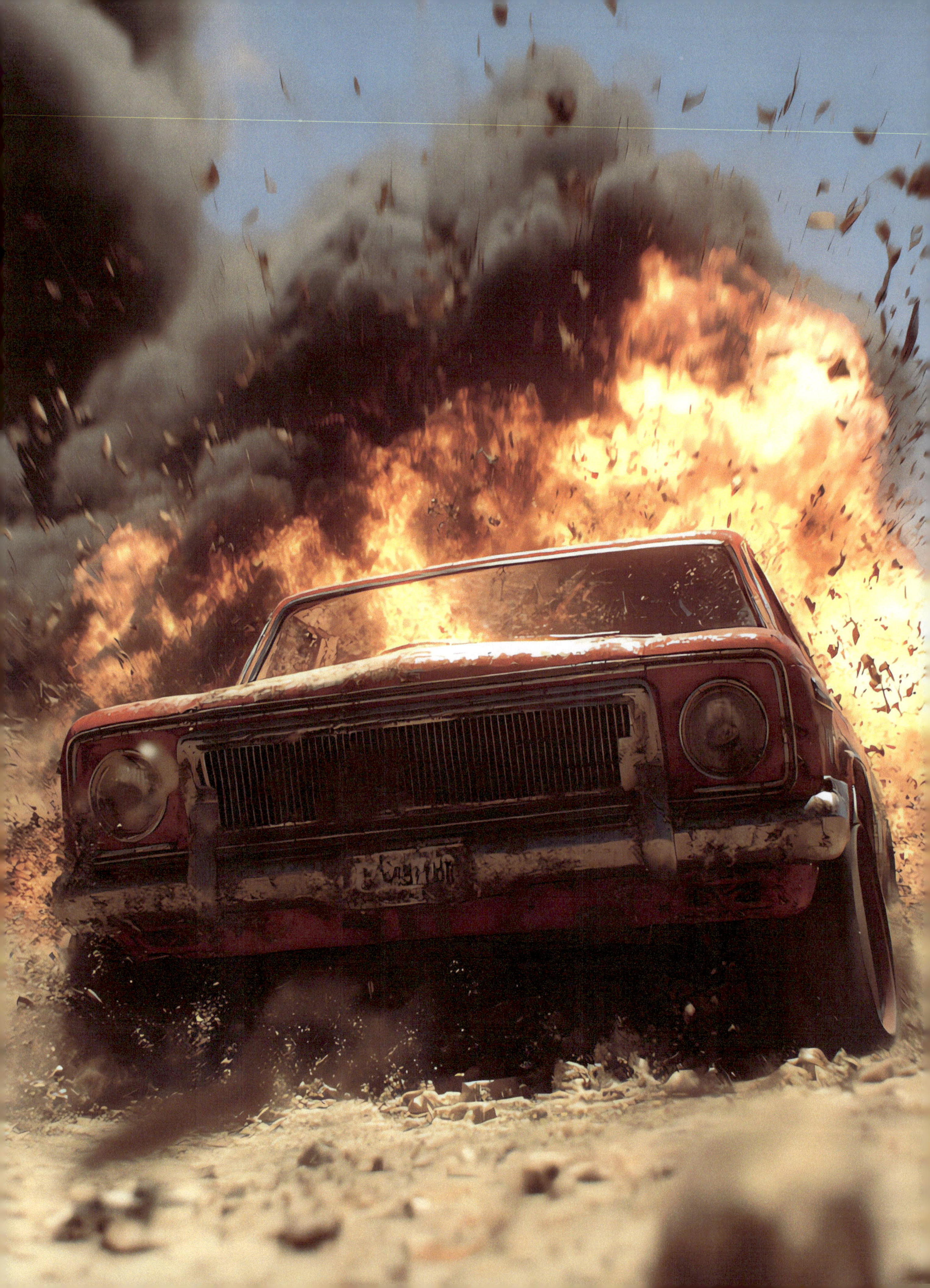

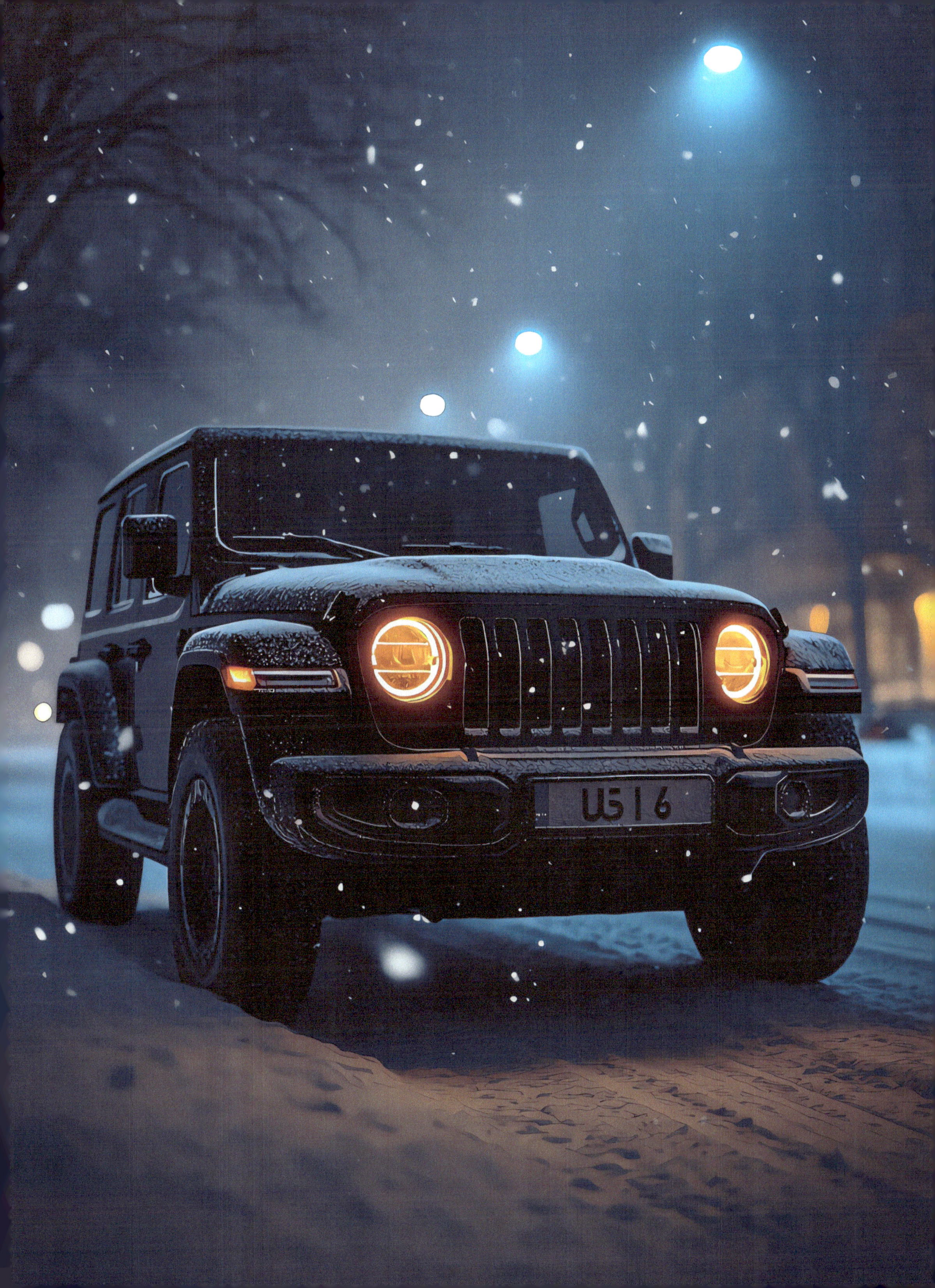
U516

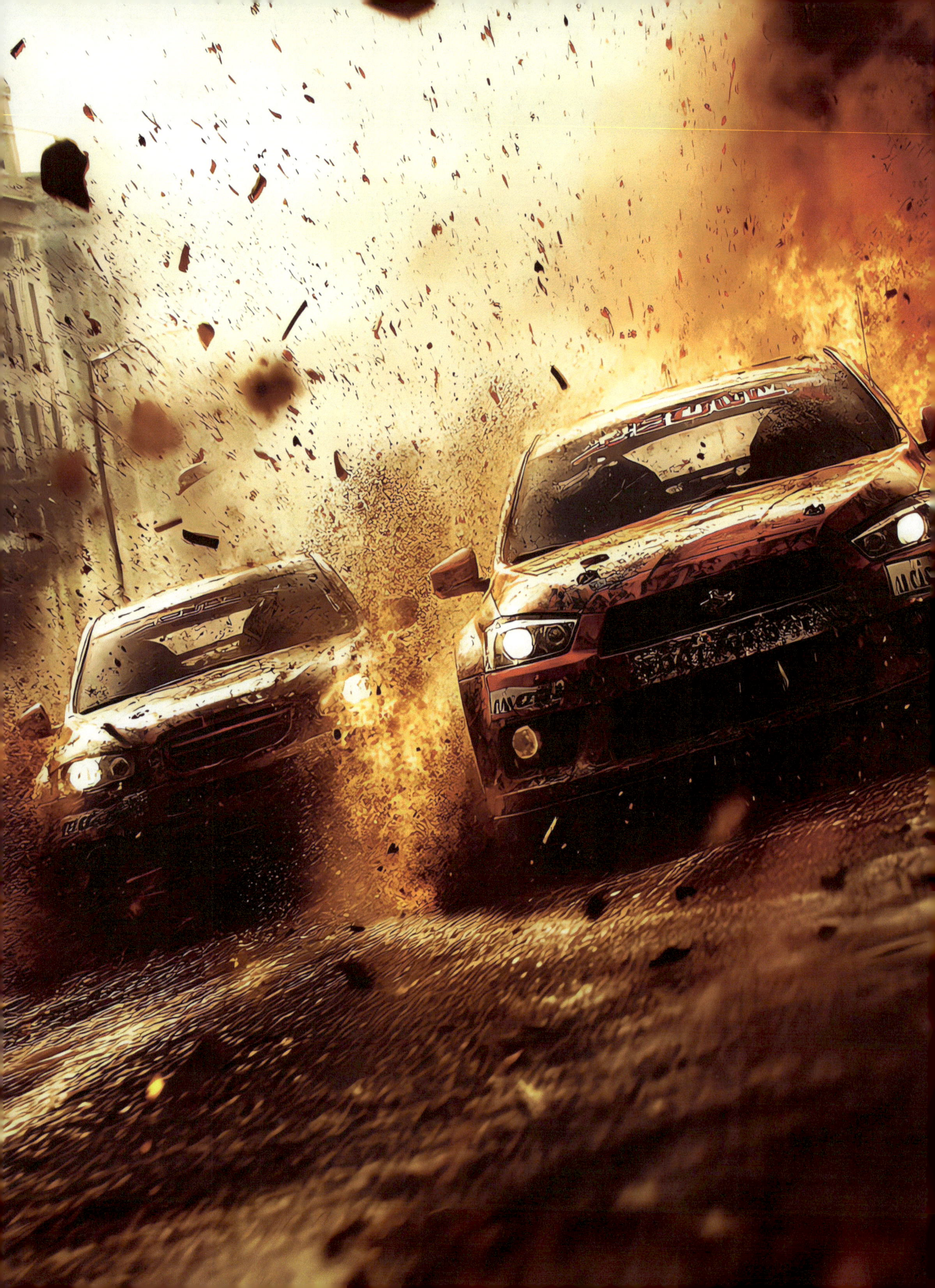

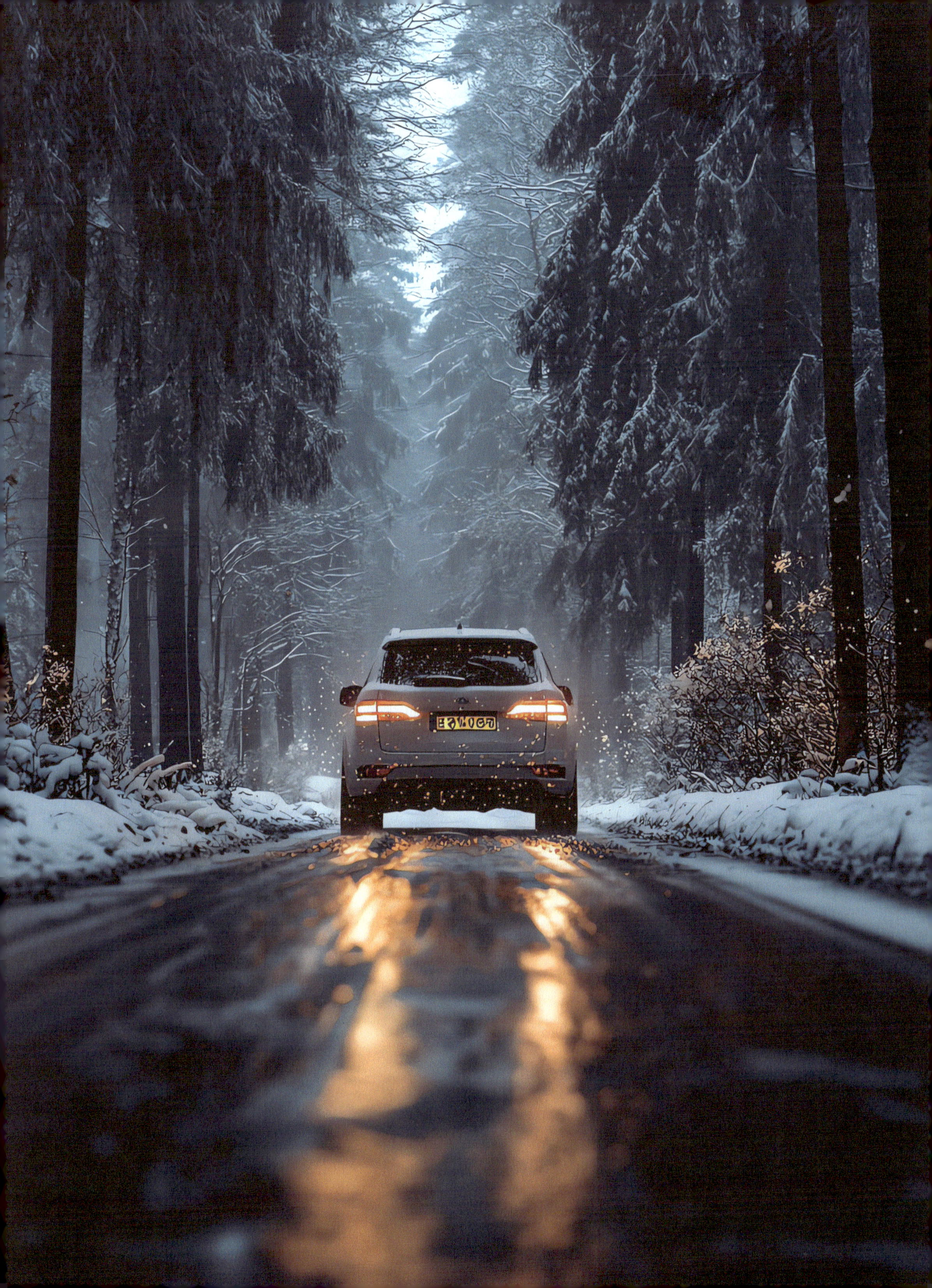

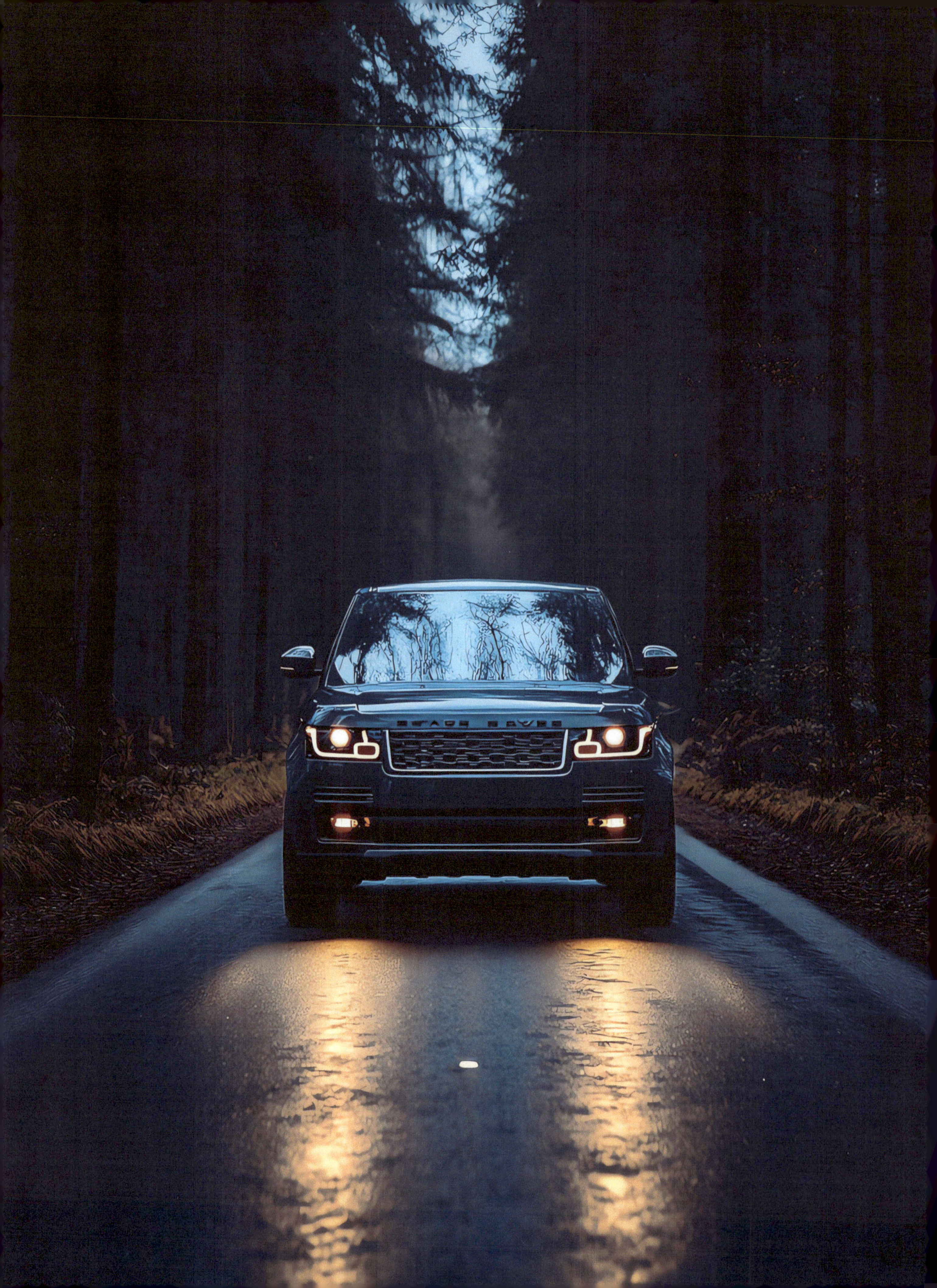

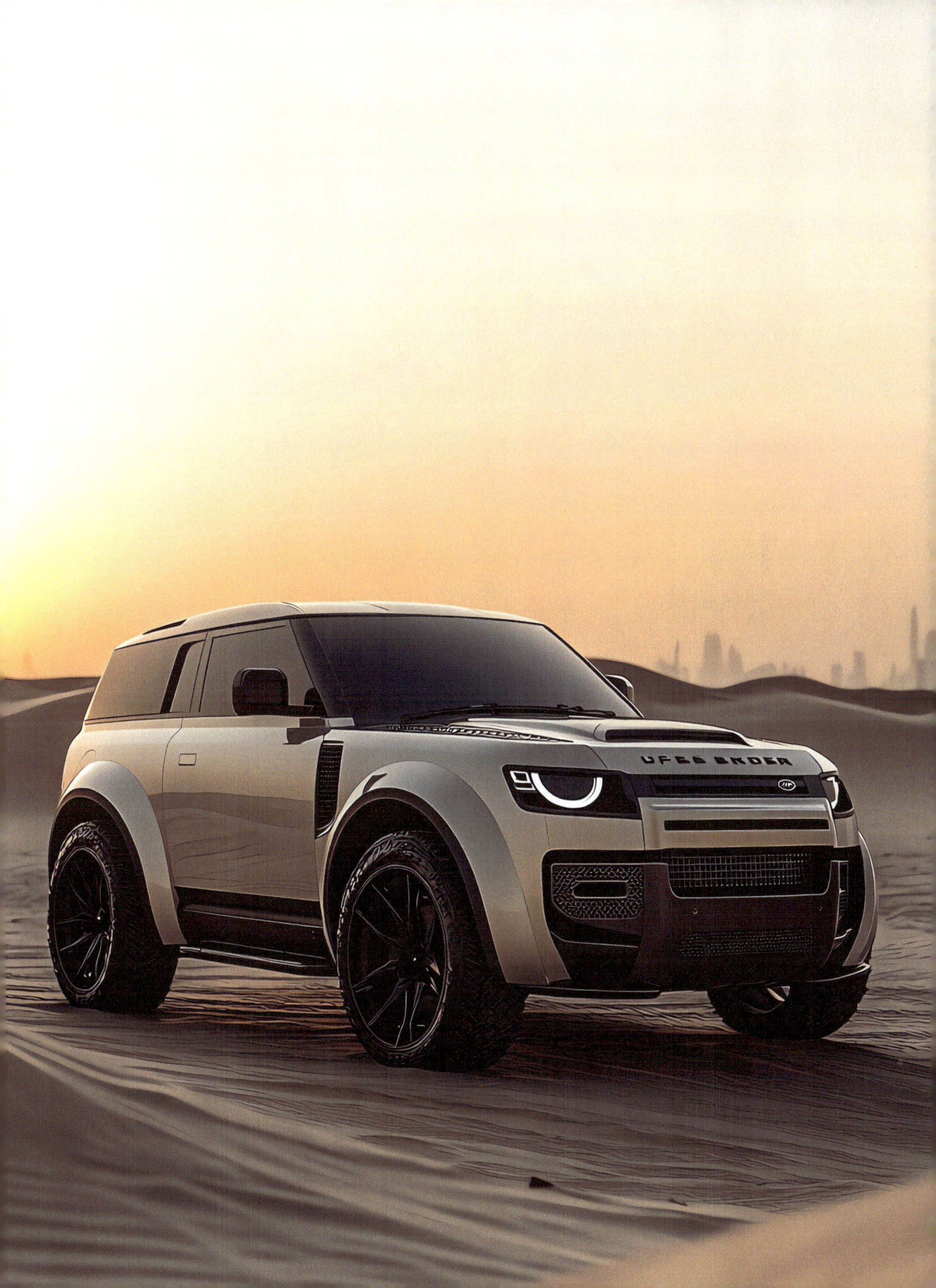

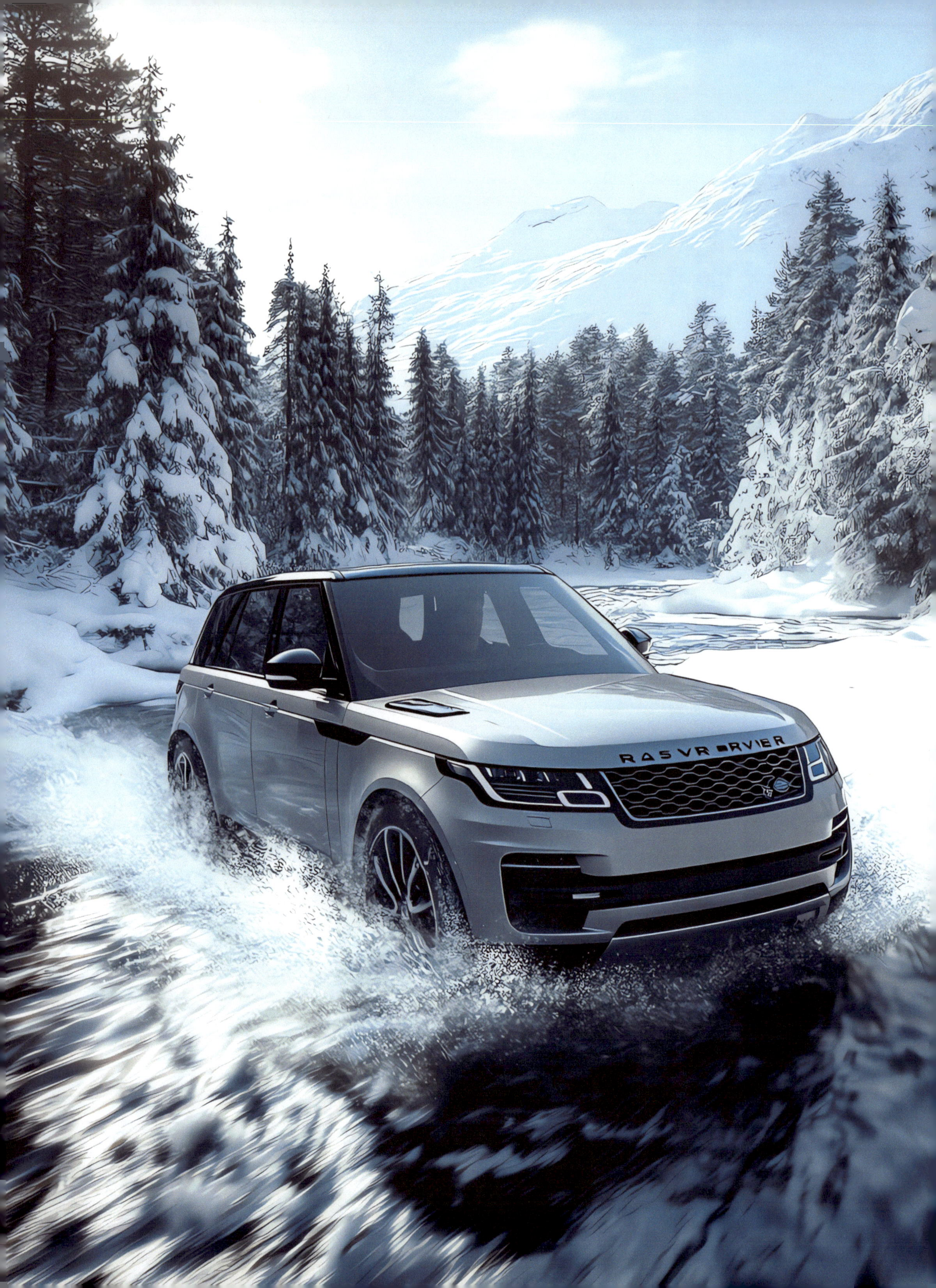

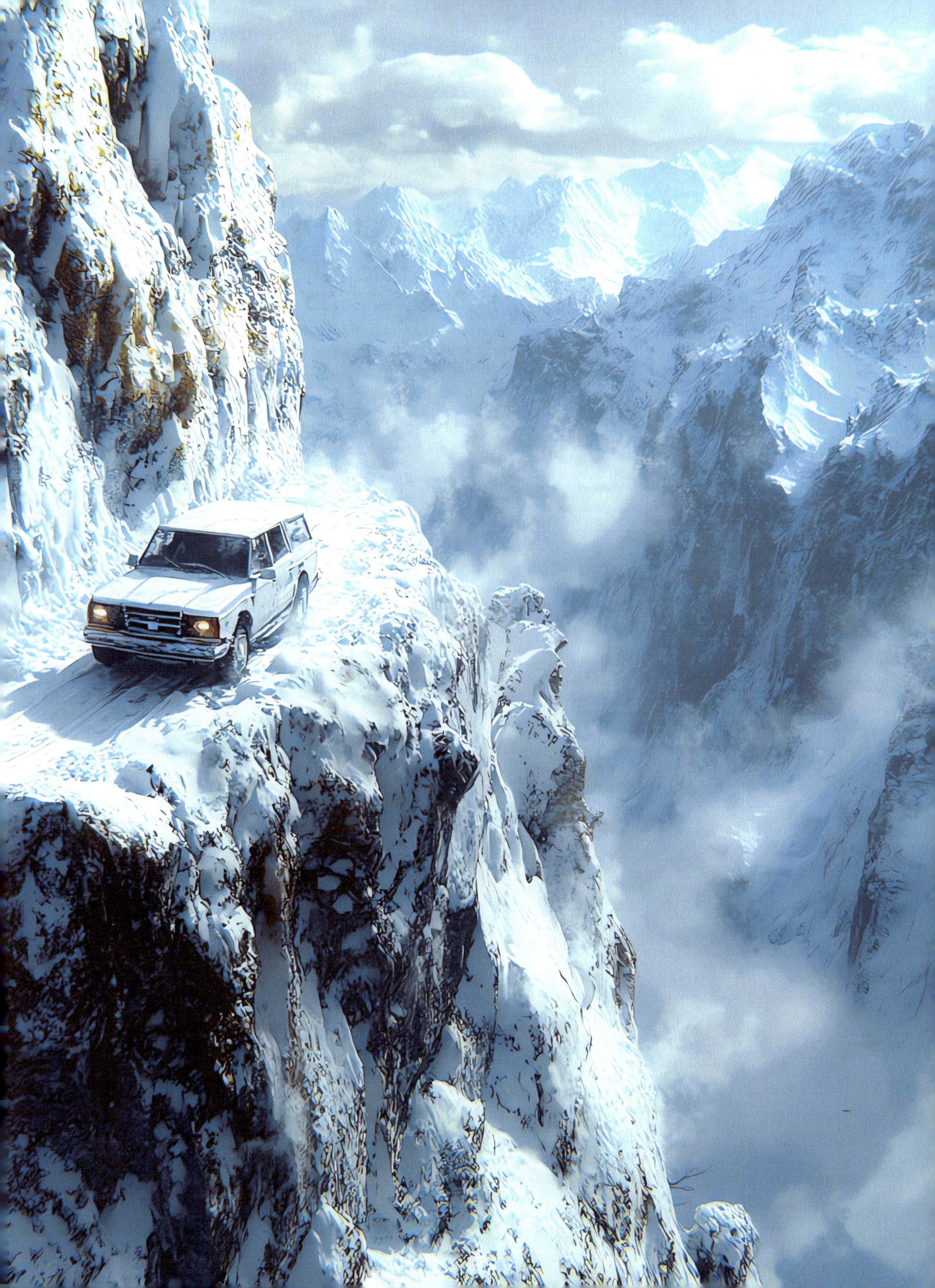

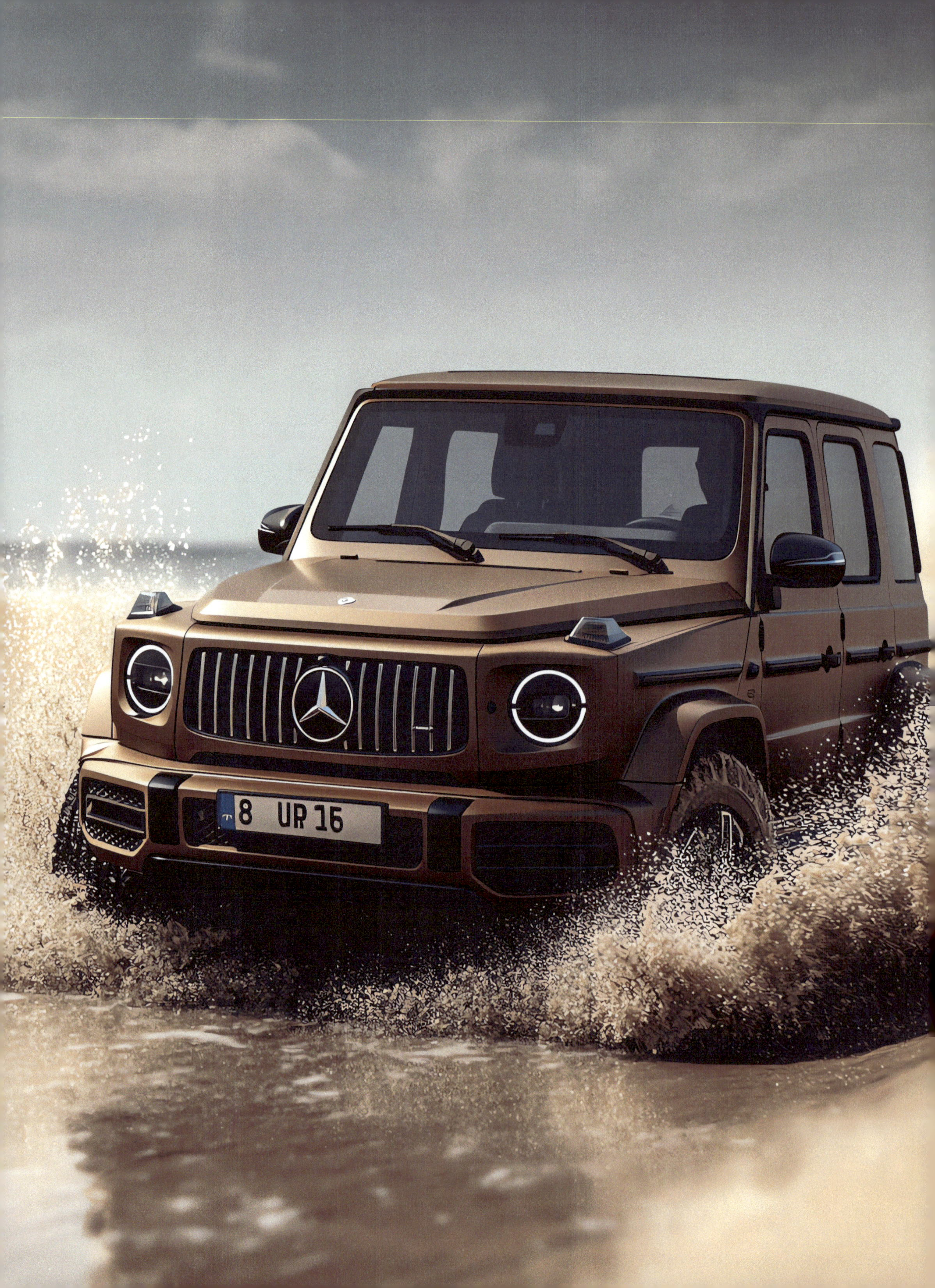
8 UR 16

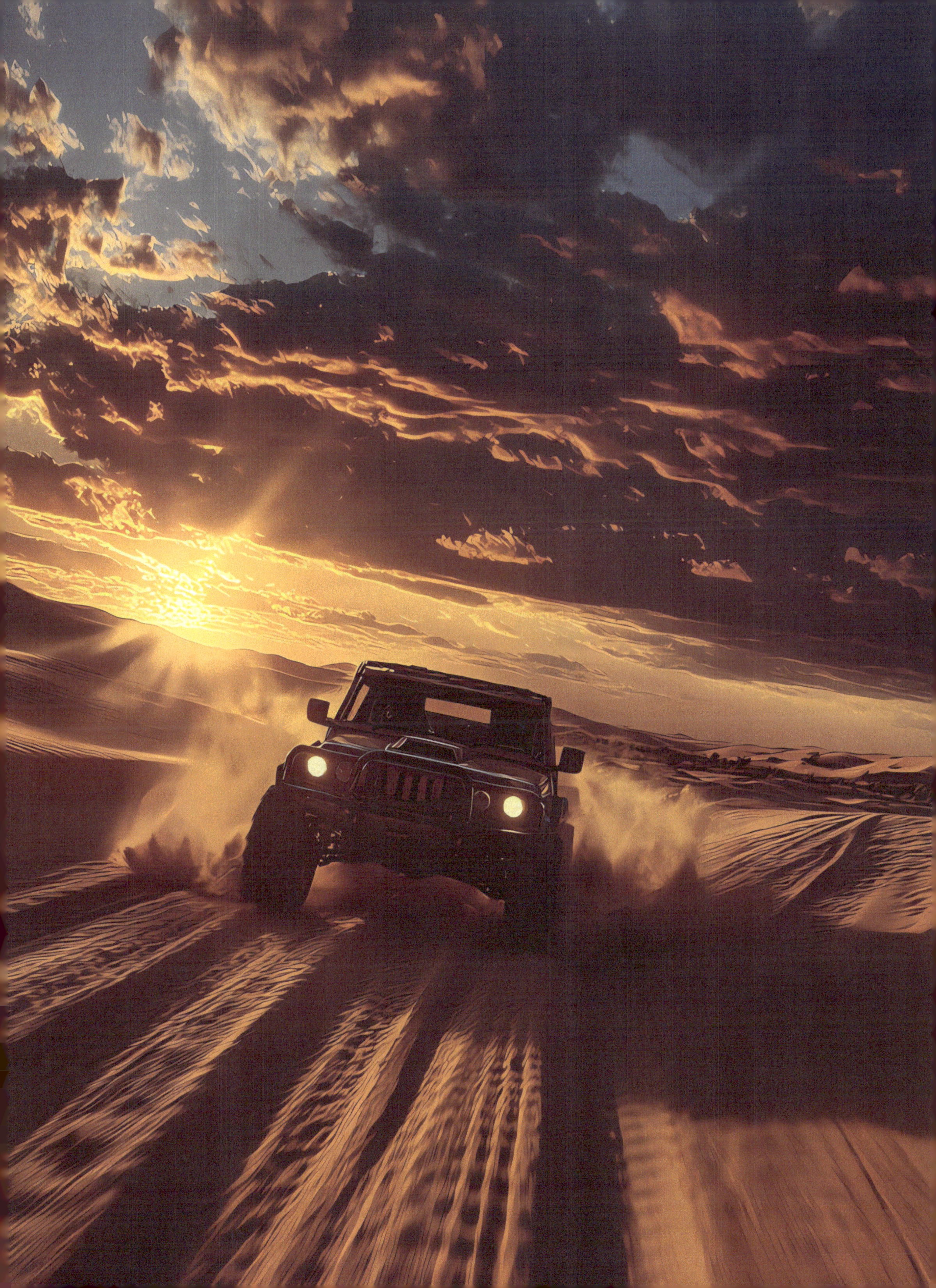

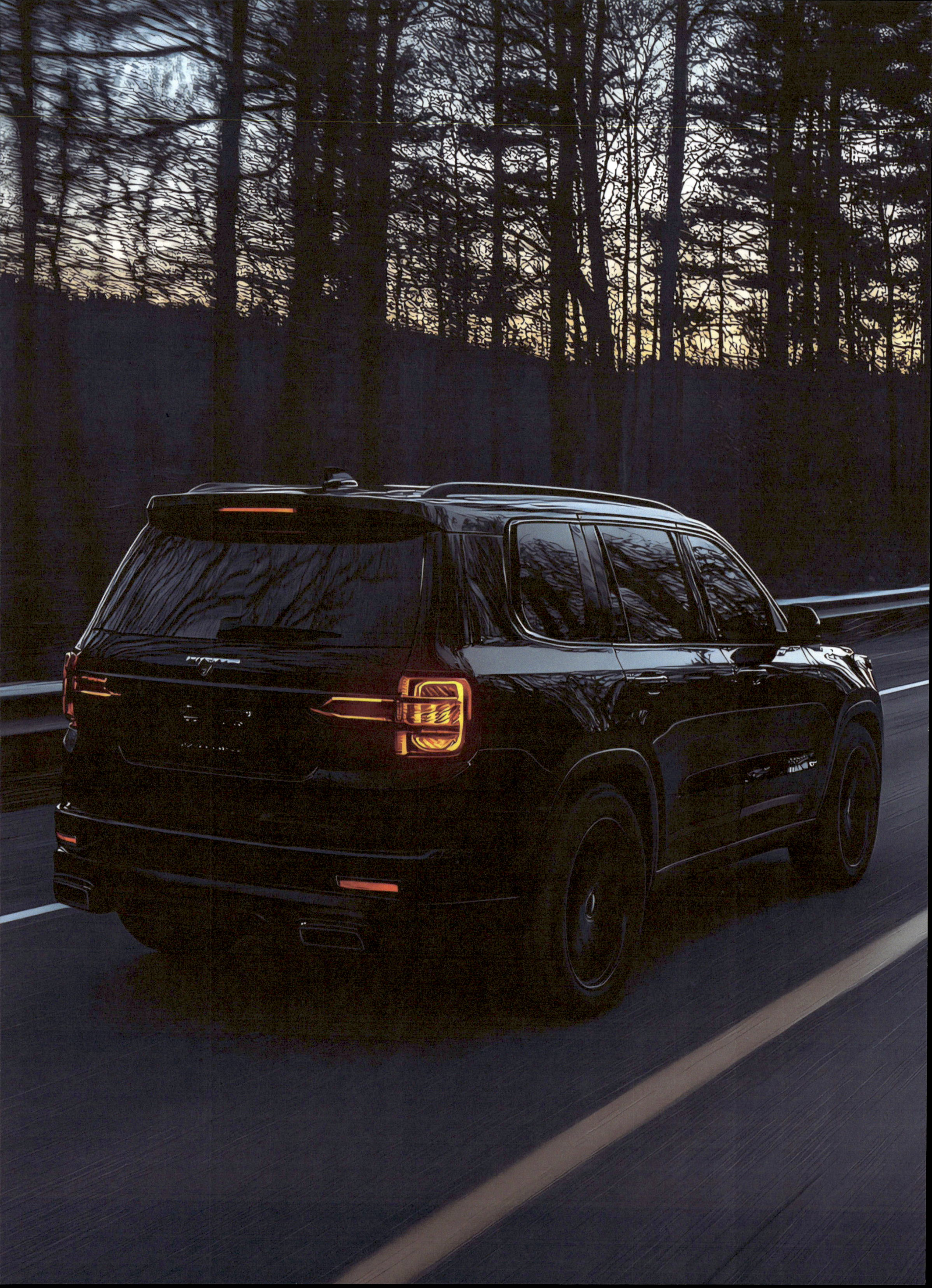

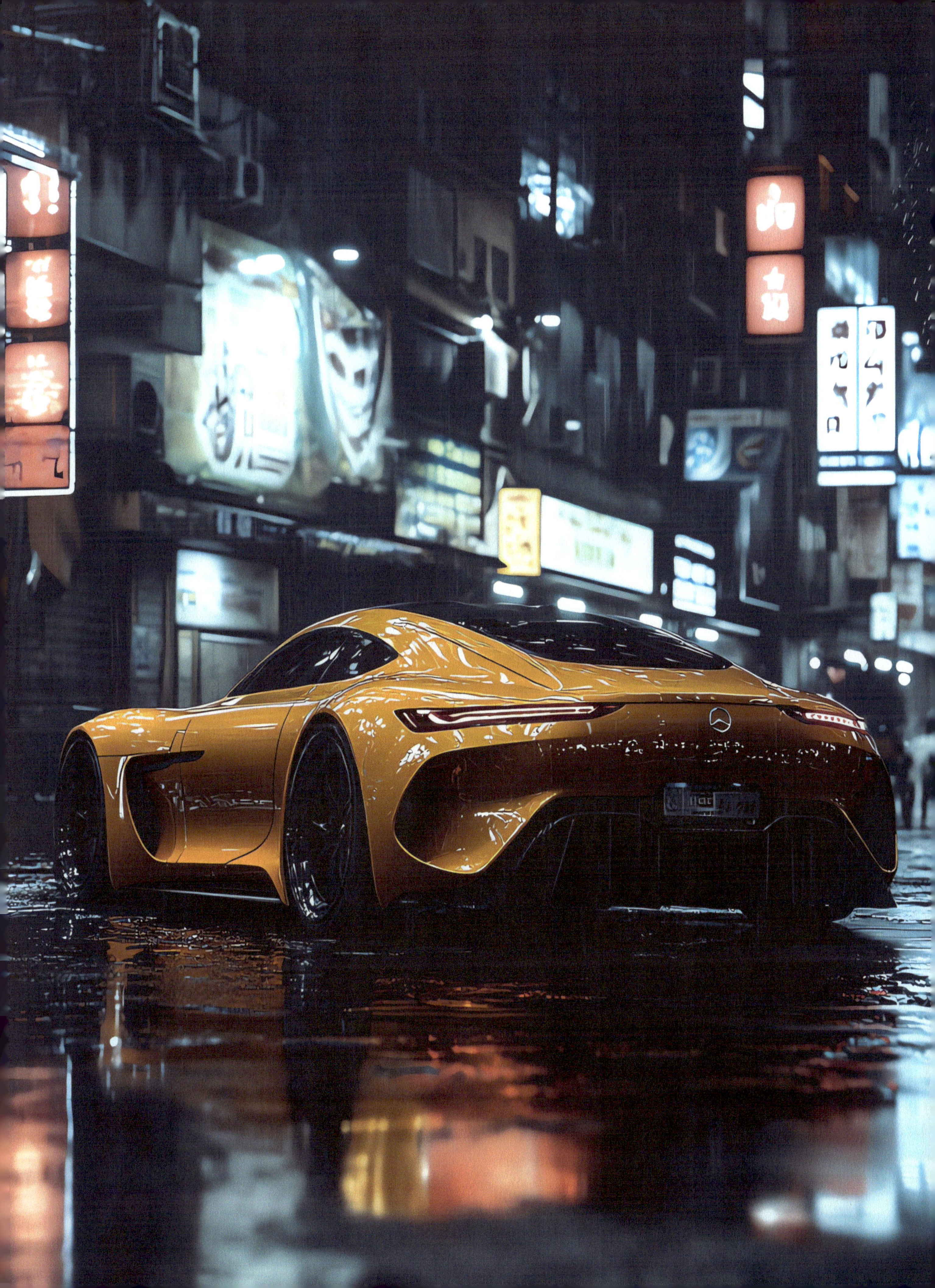

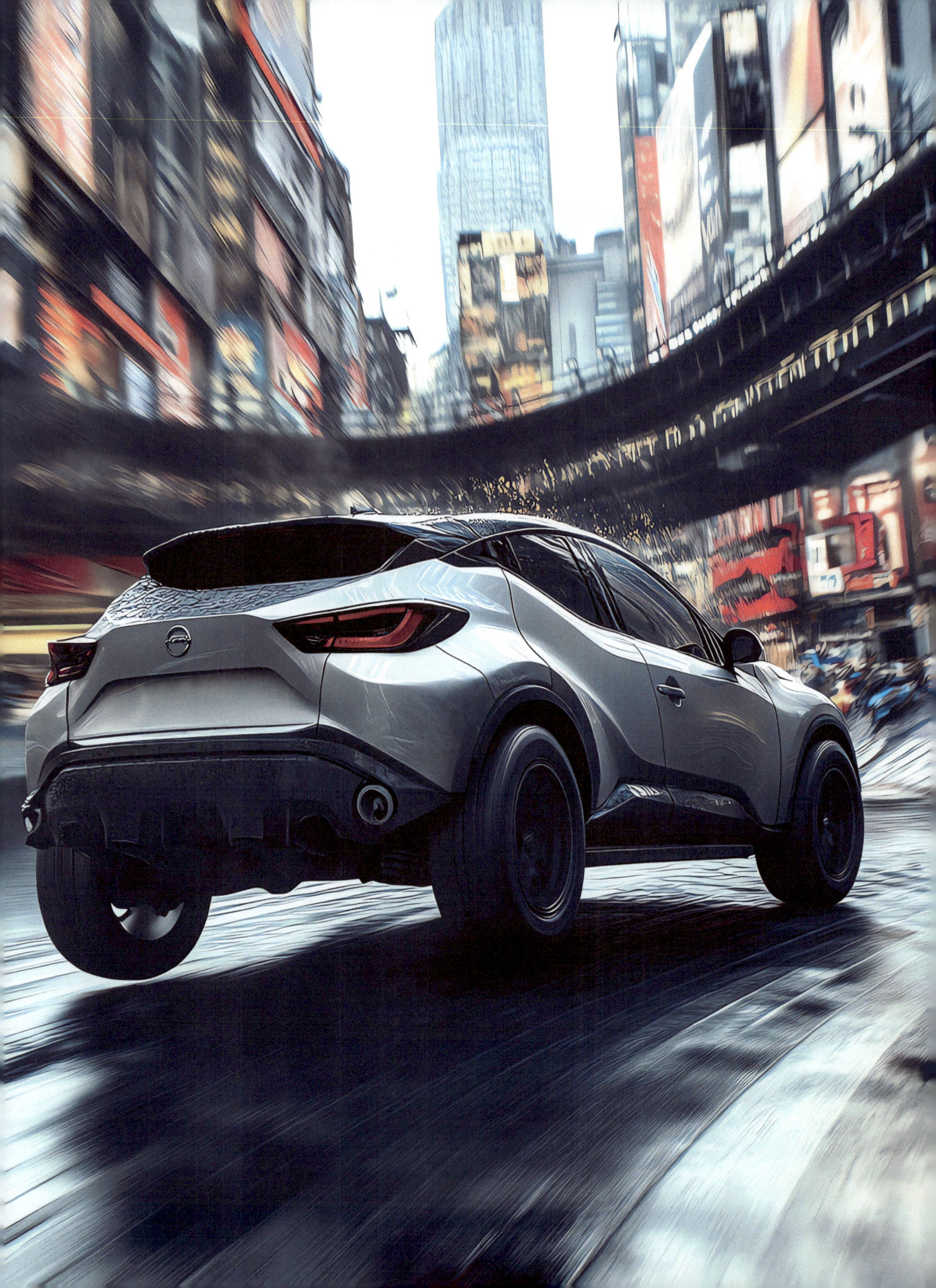

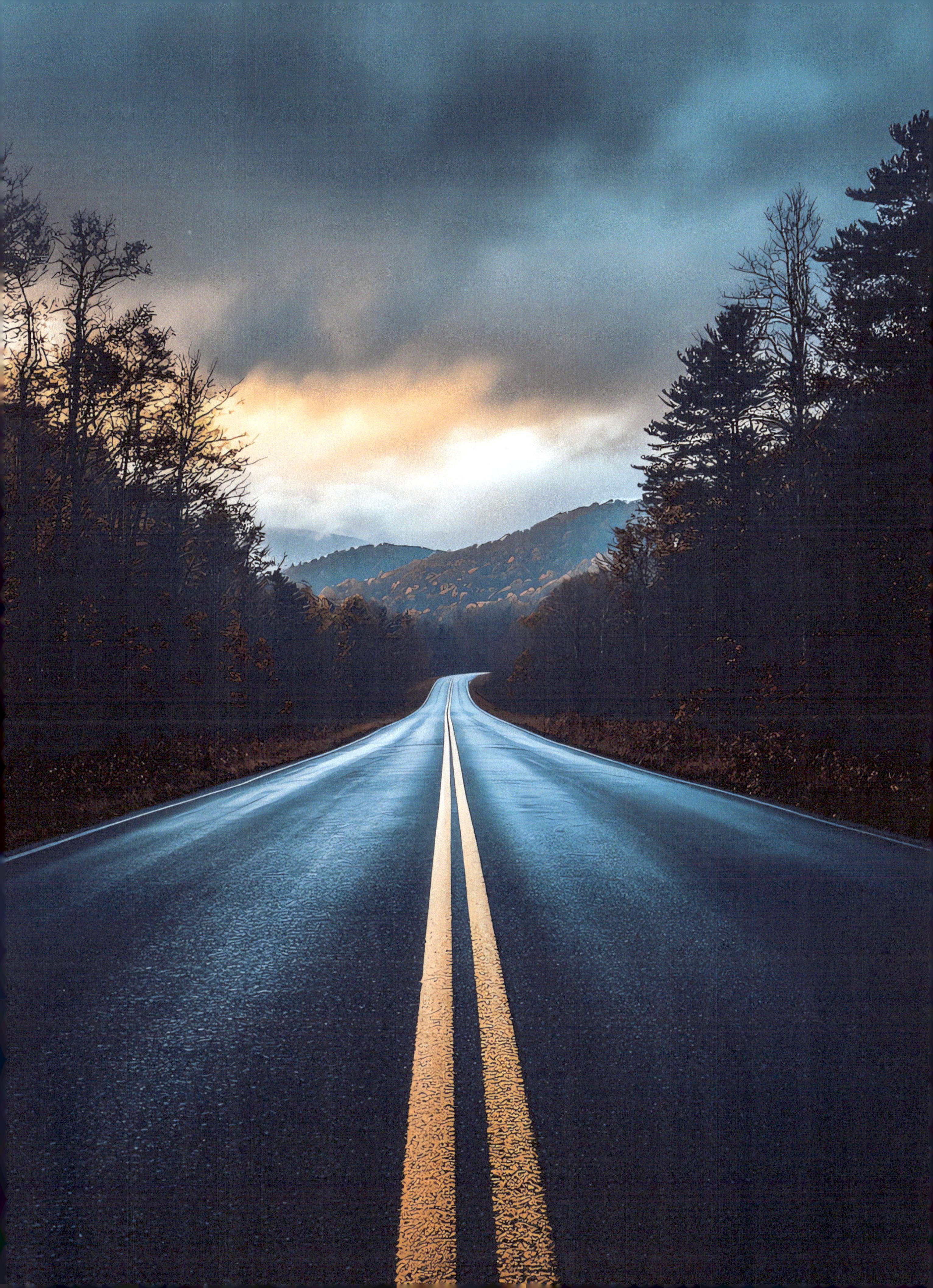

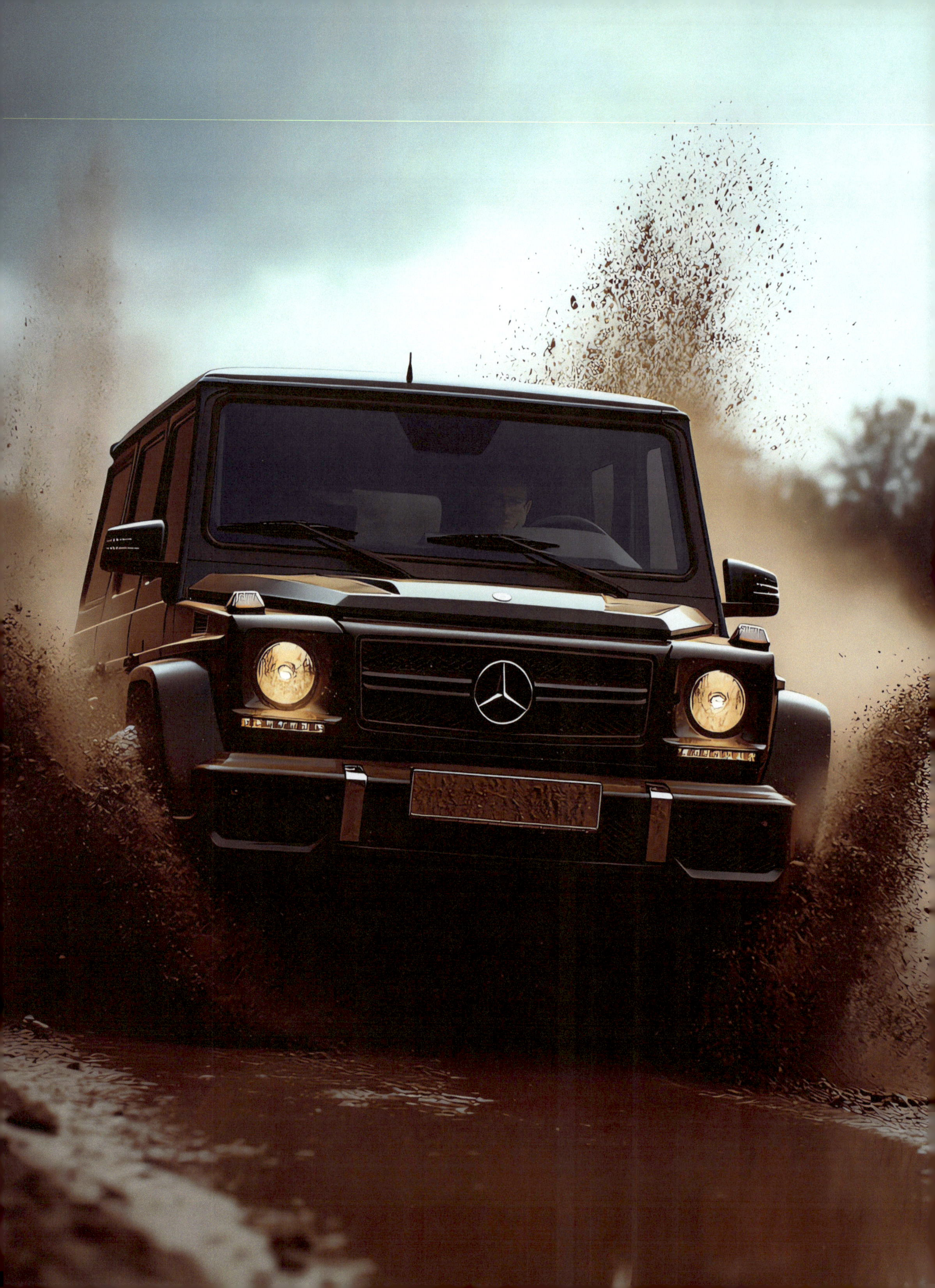

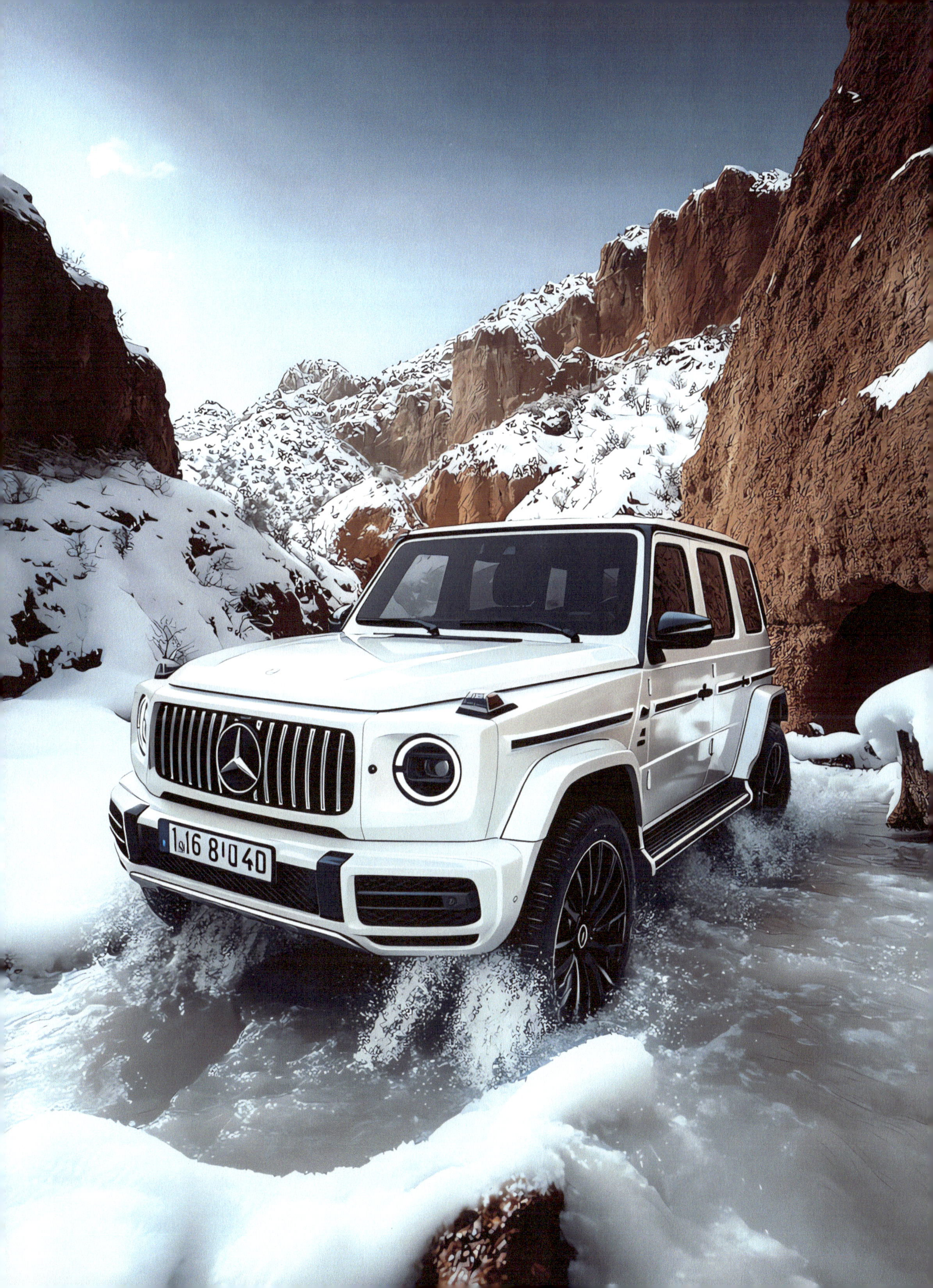

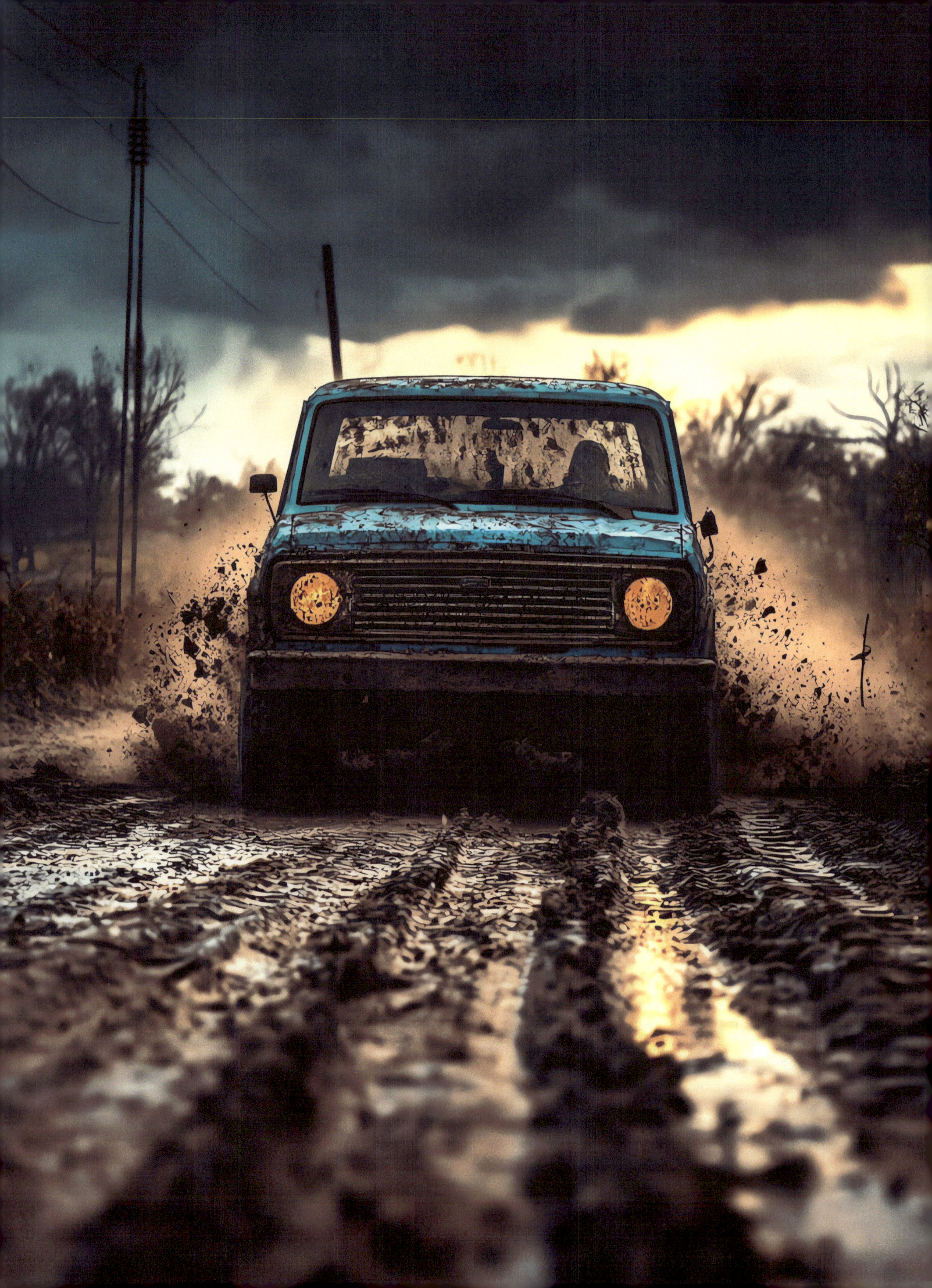

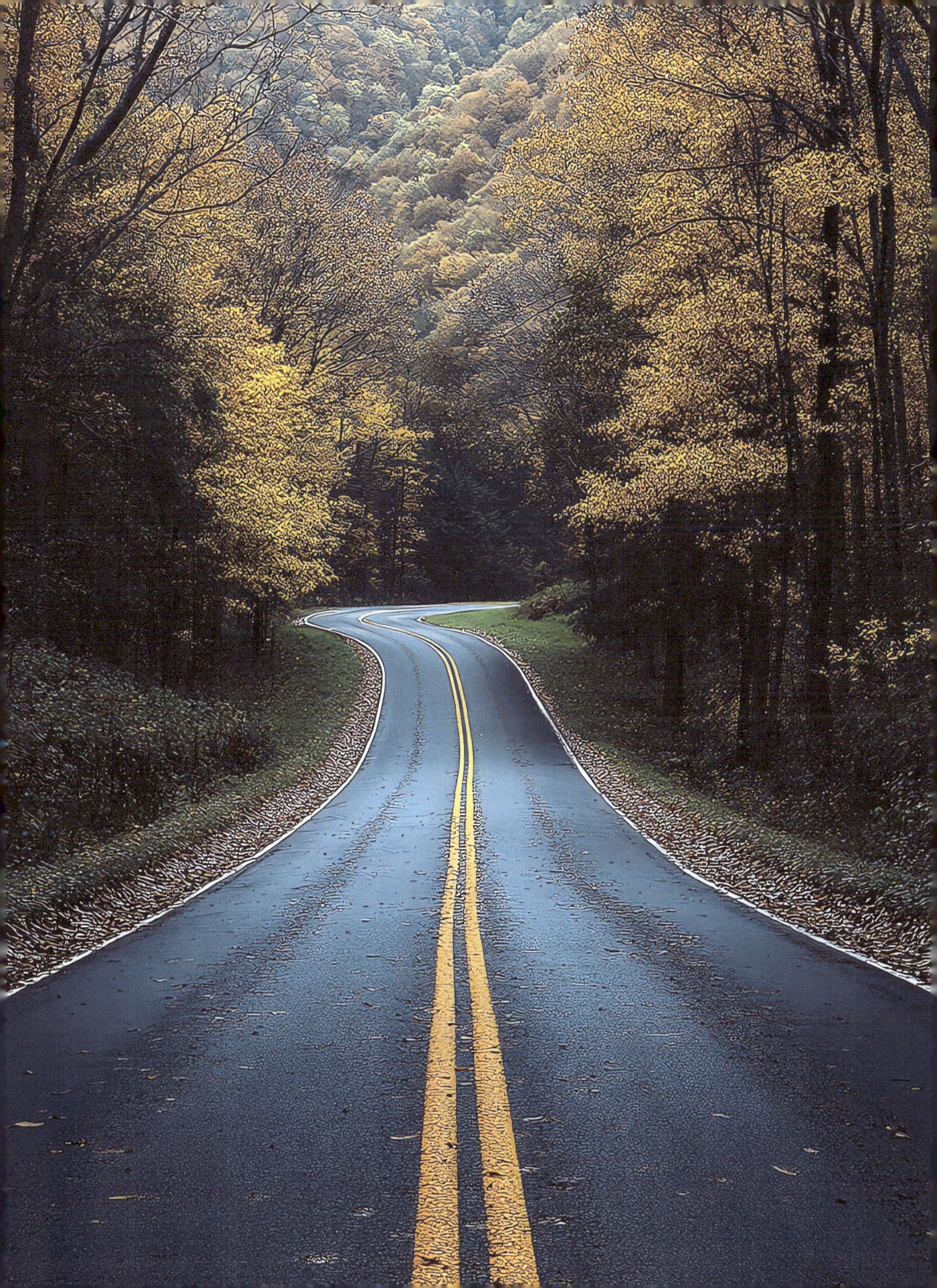

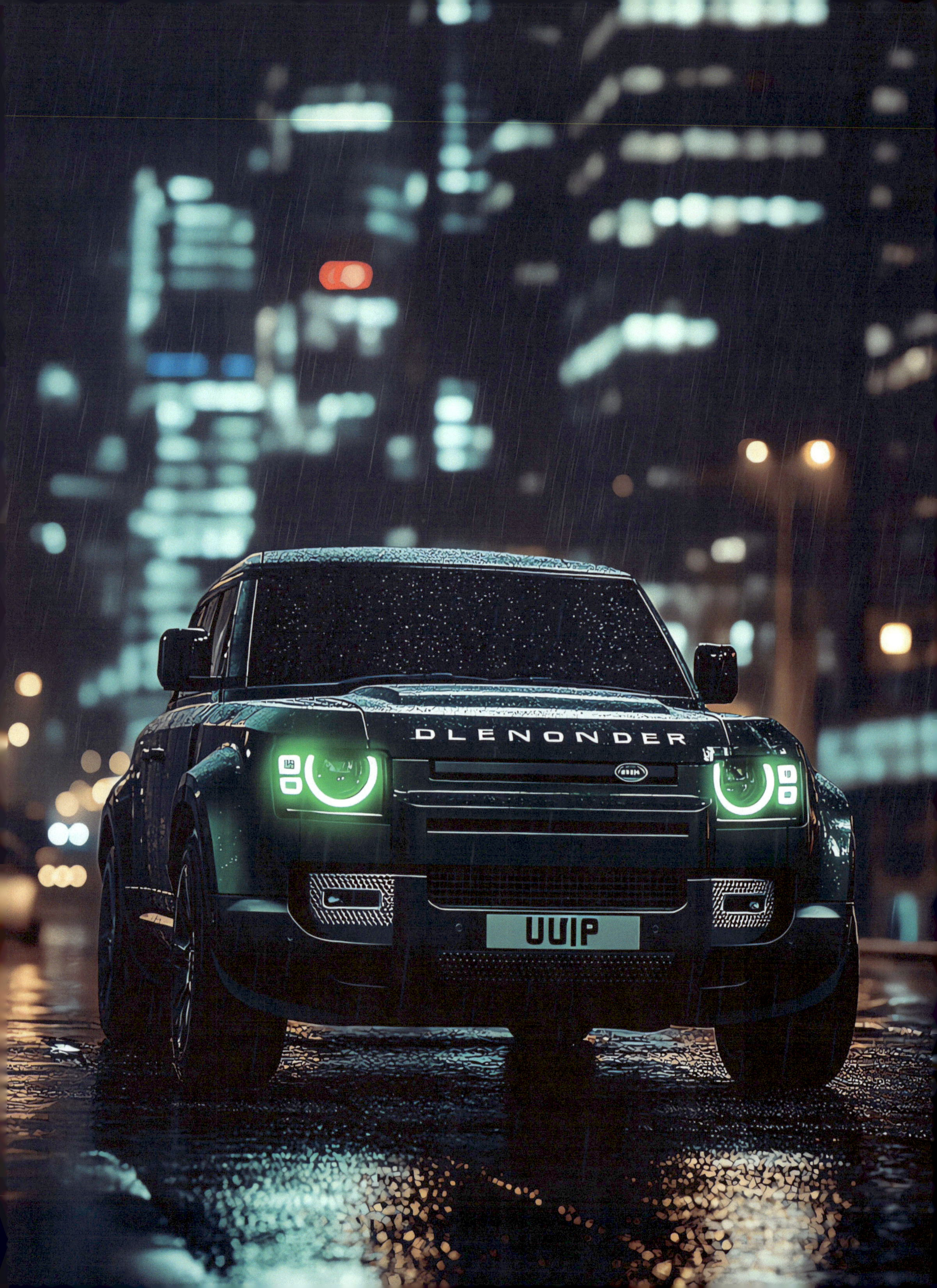
DLENONDER
UUIP

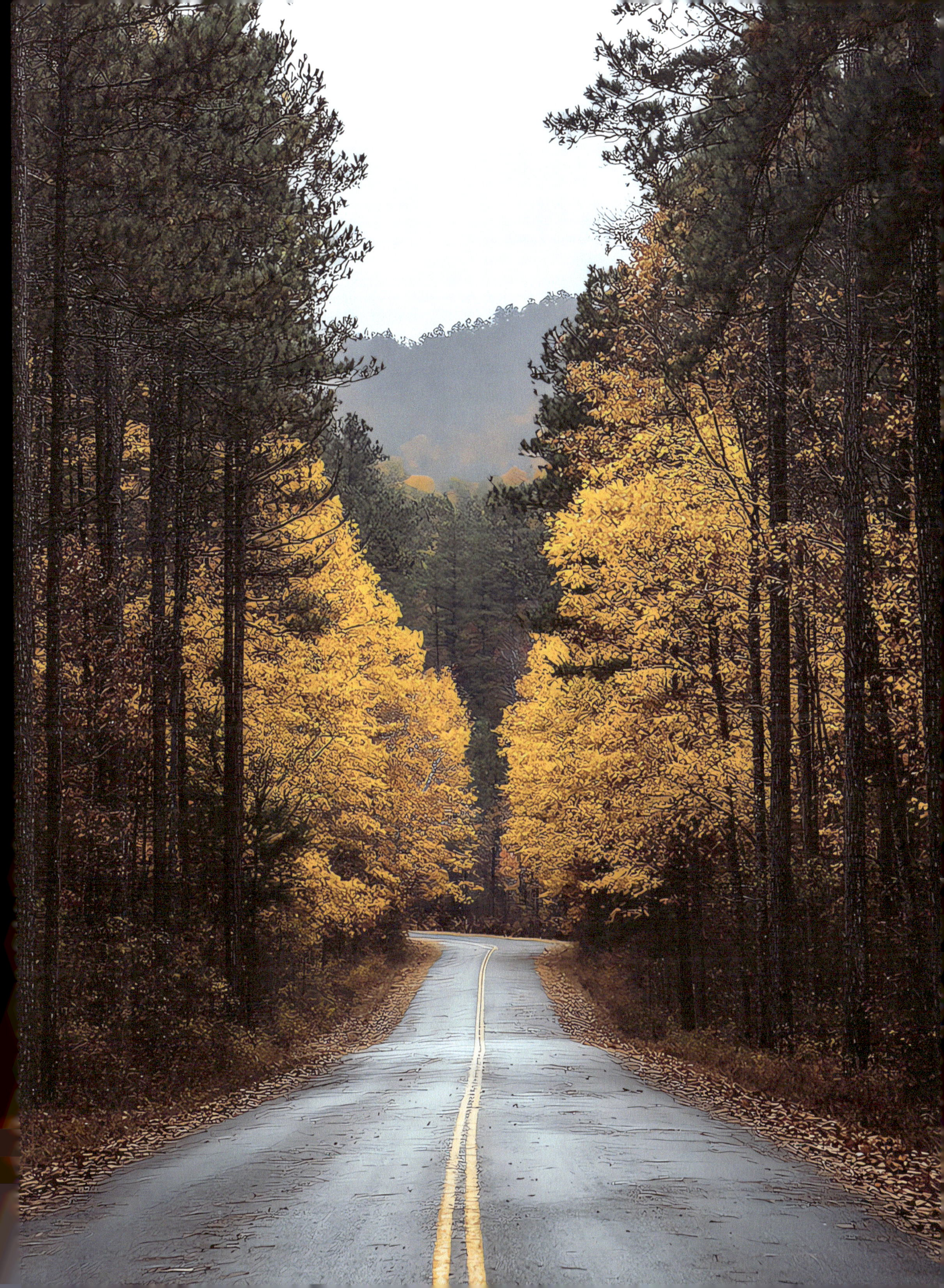

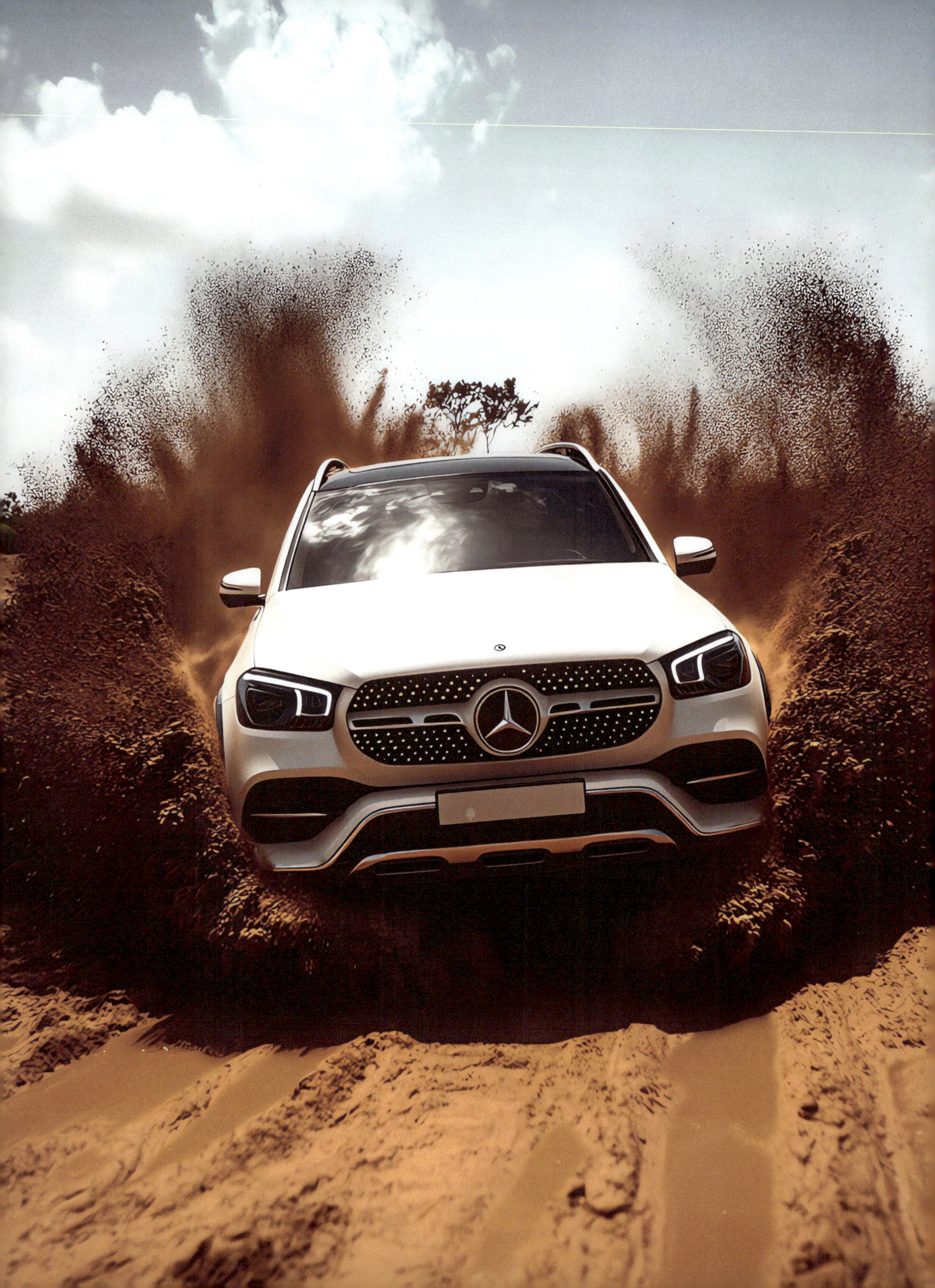

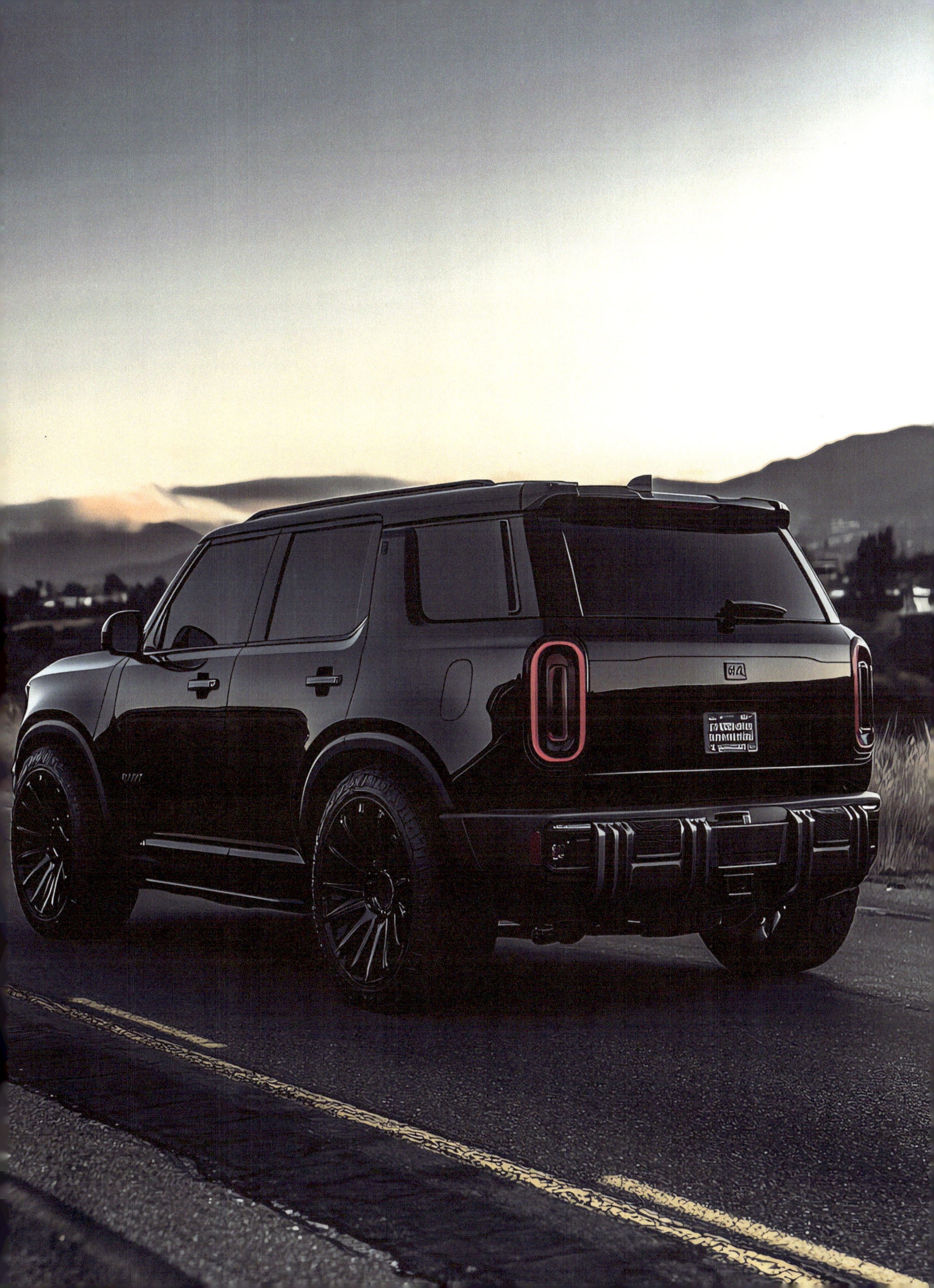

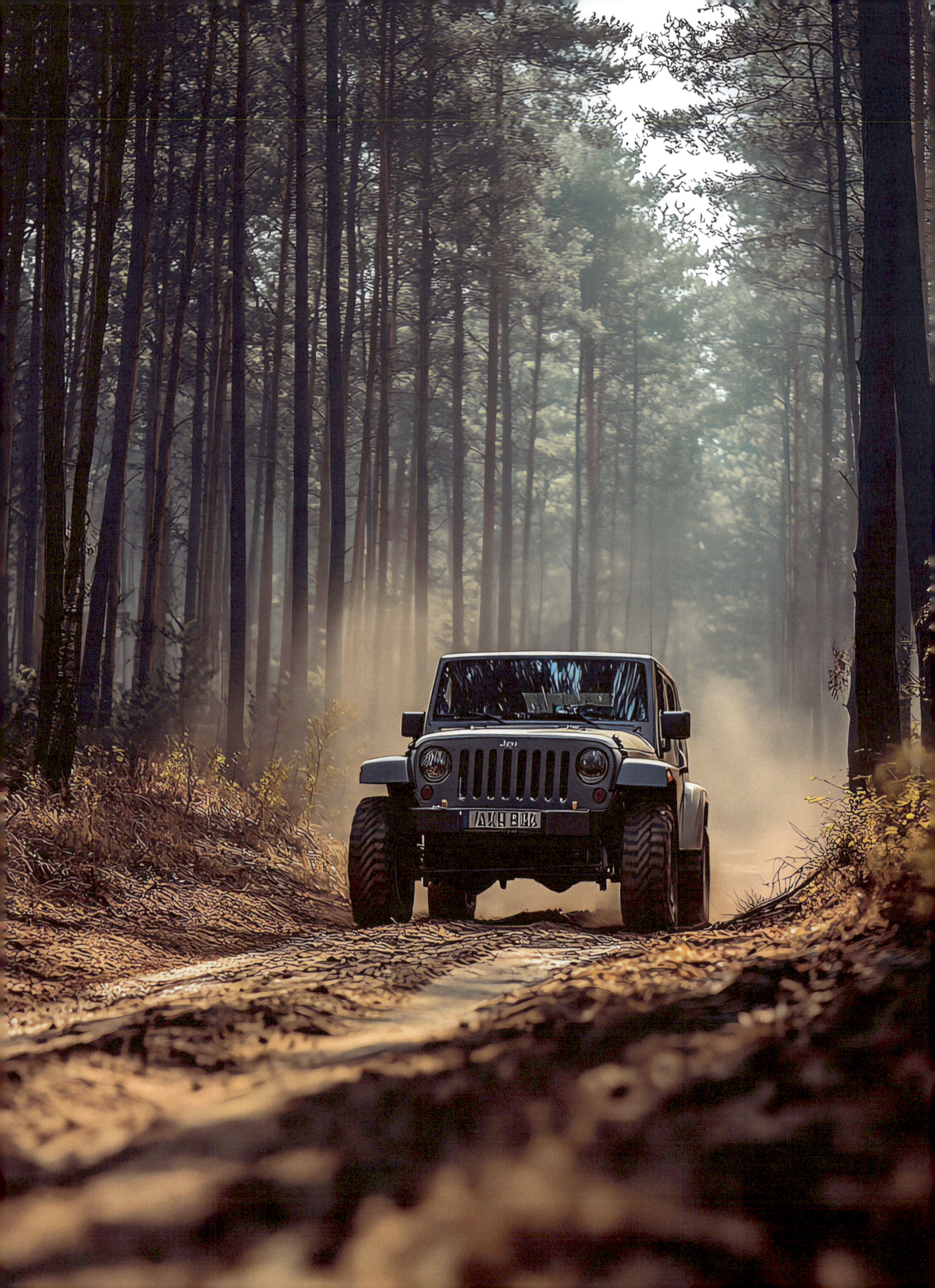

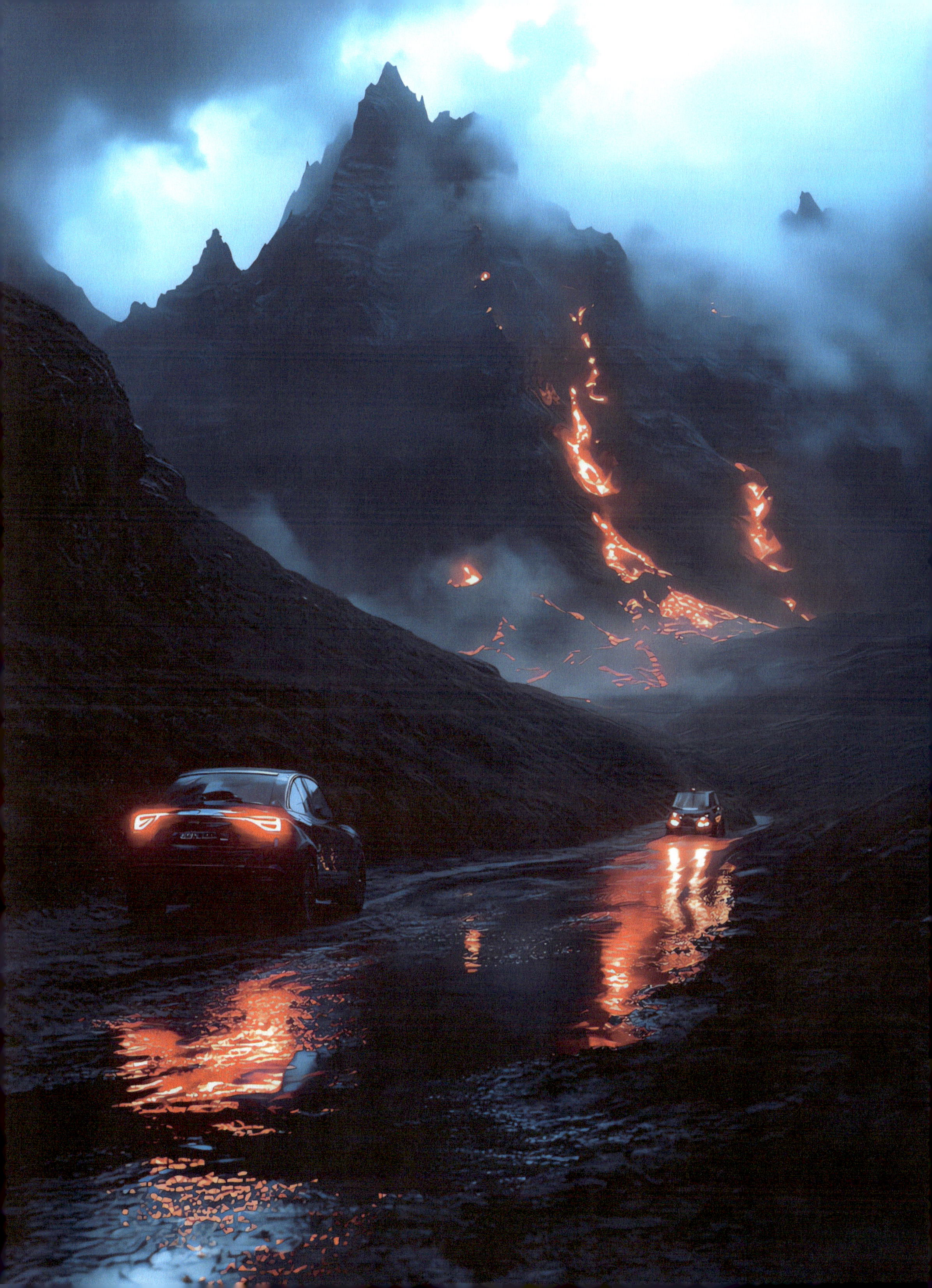

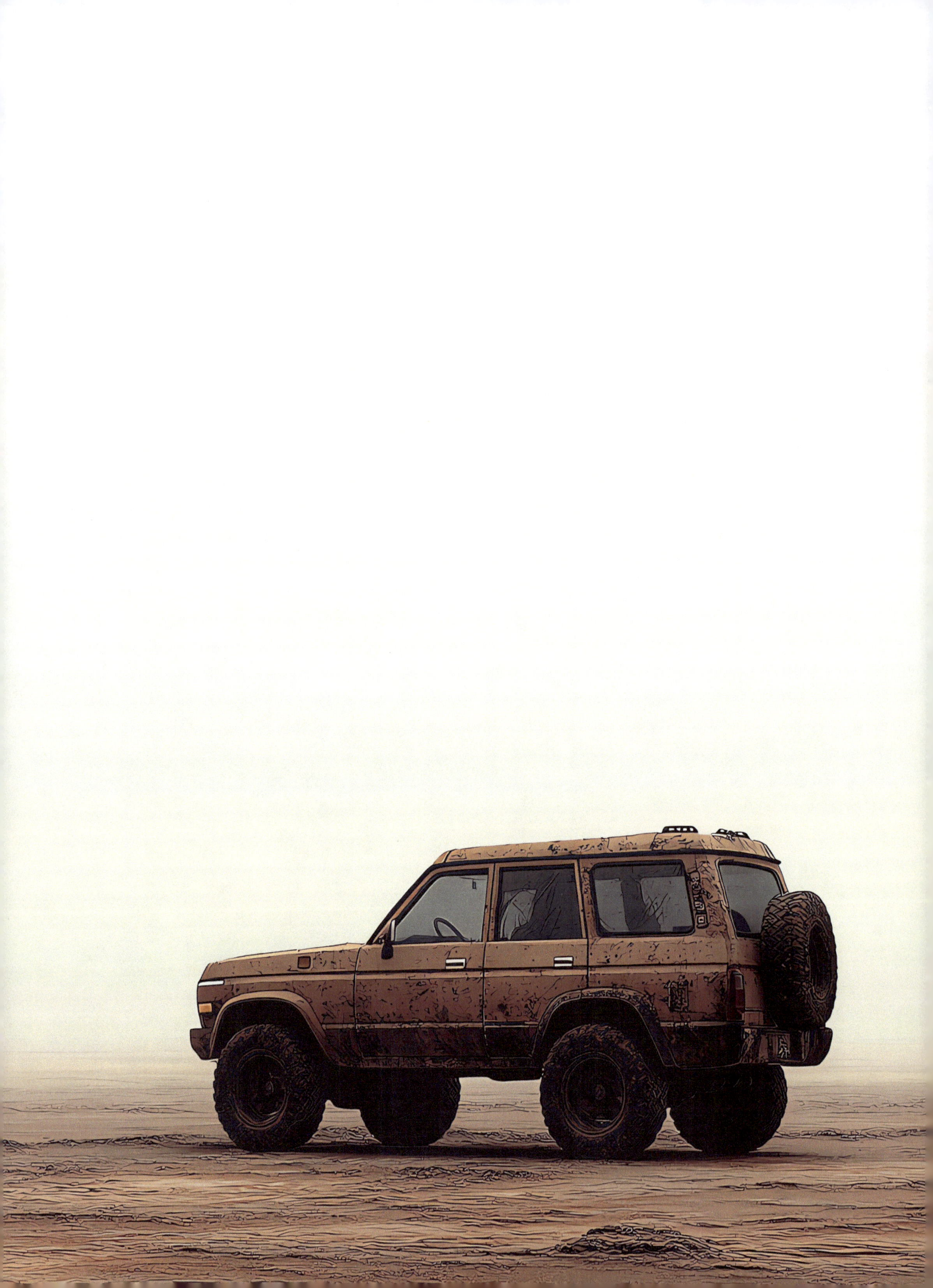

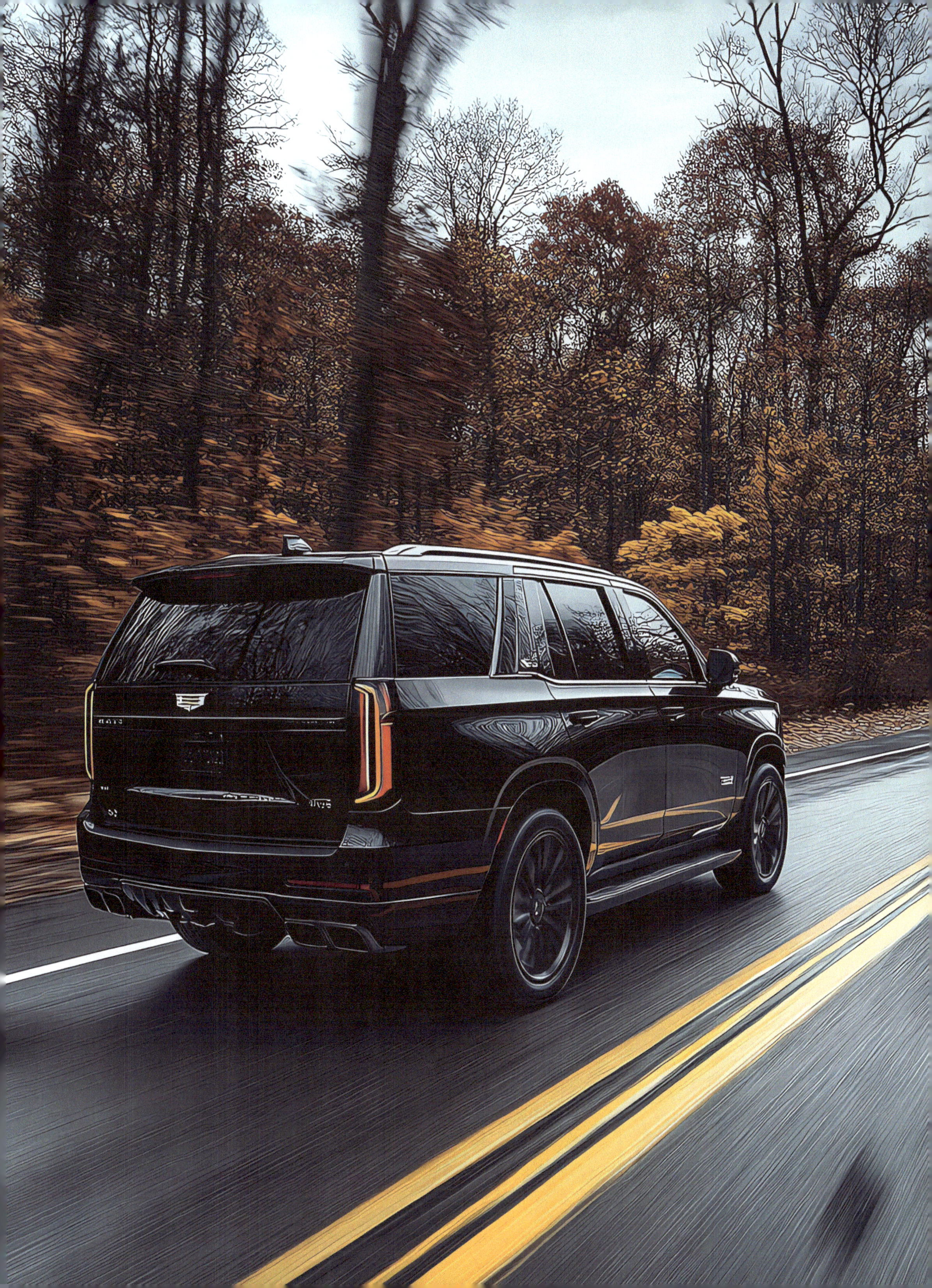

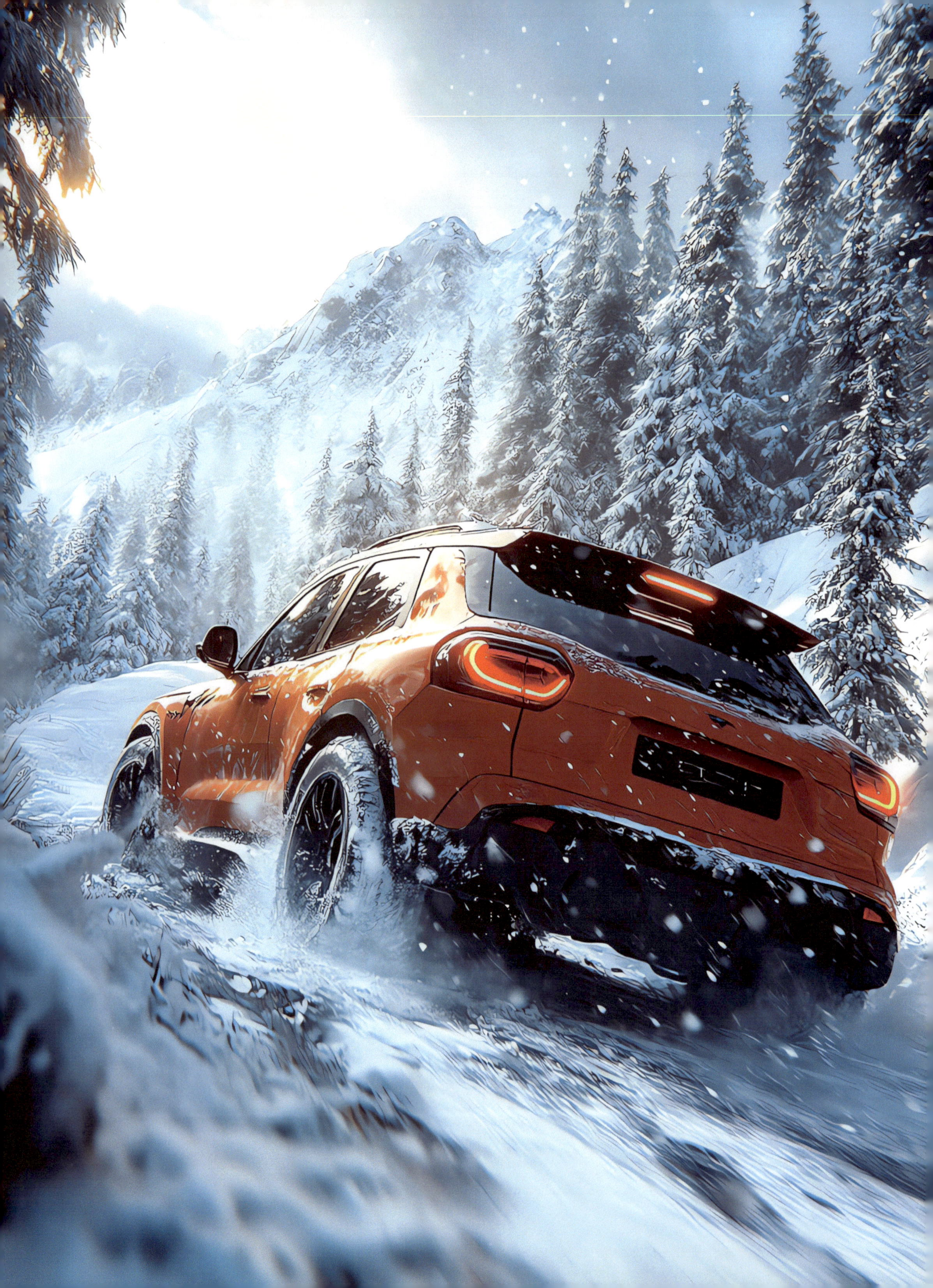

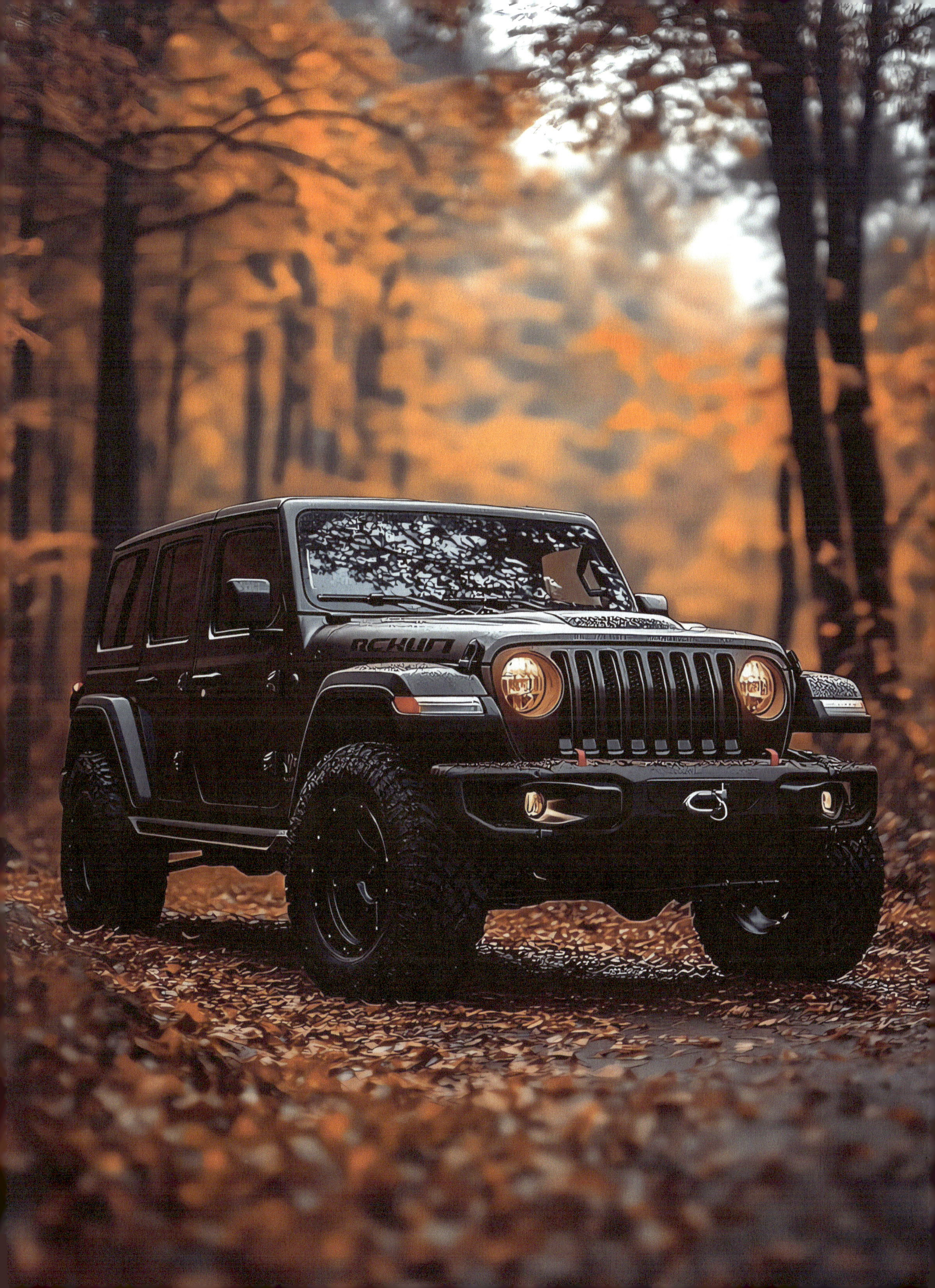

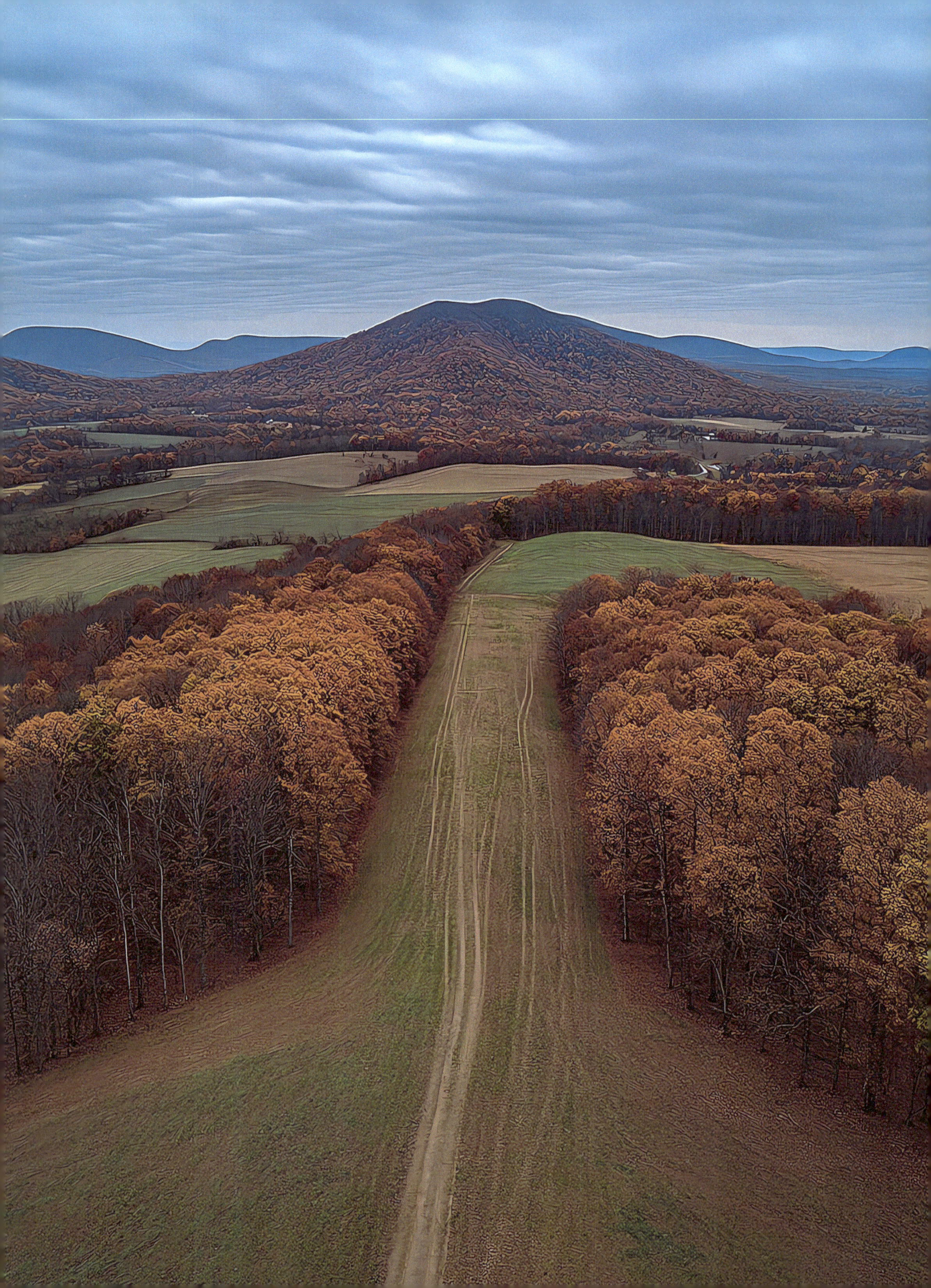

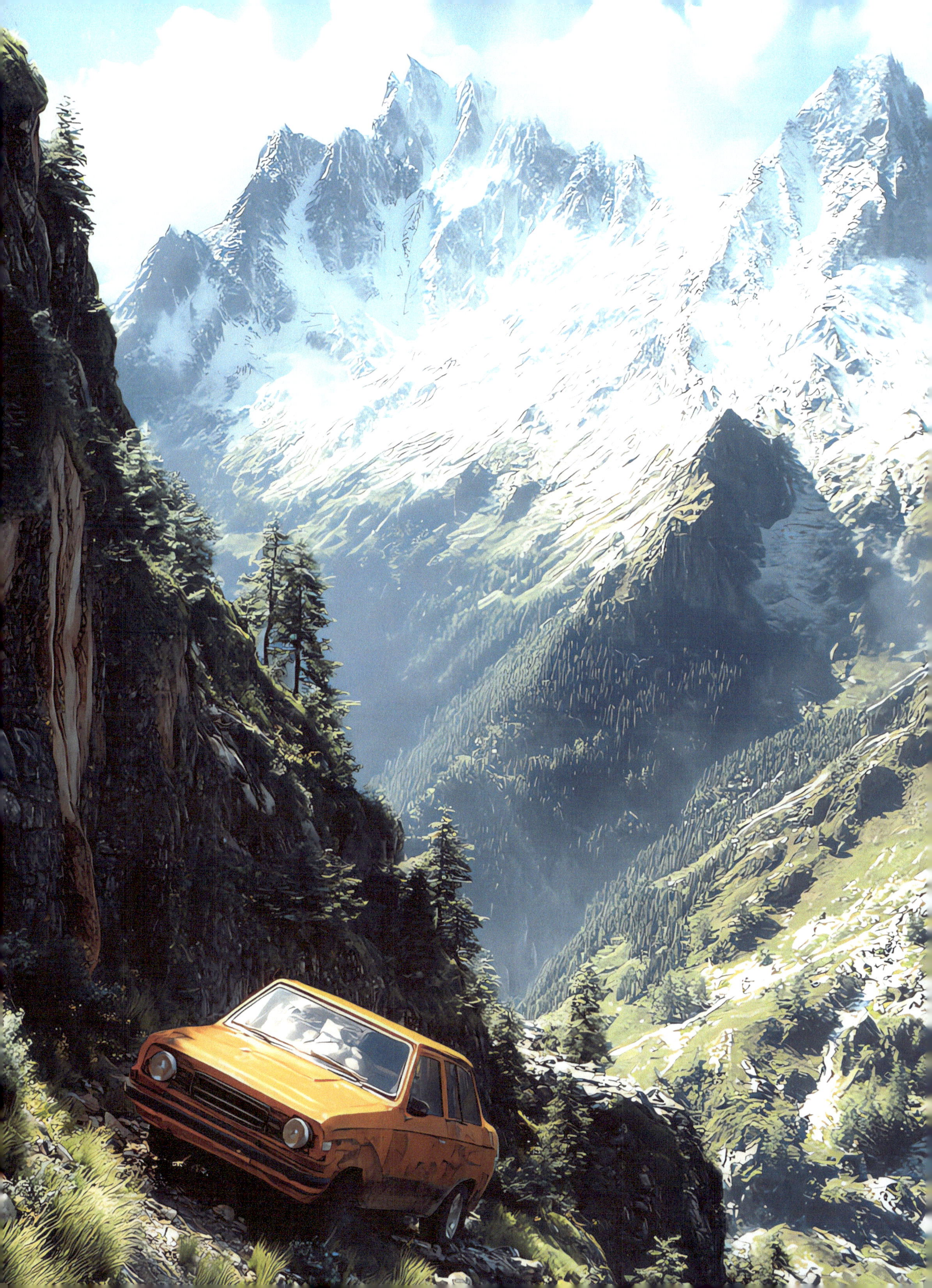

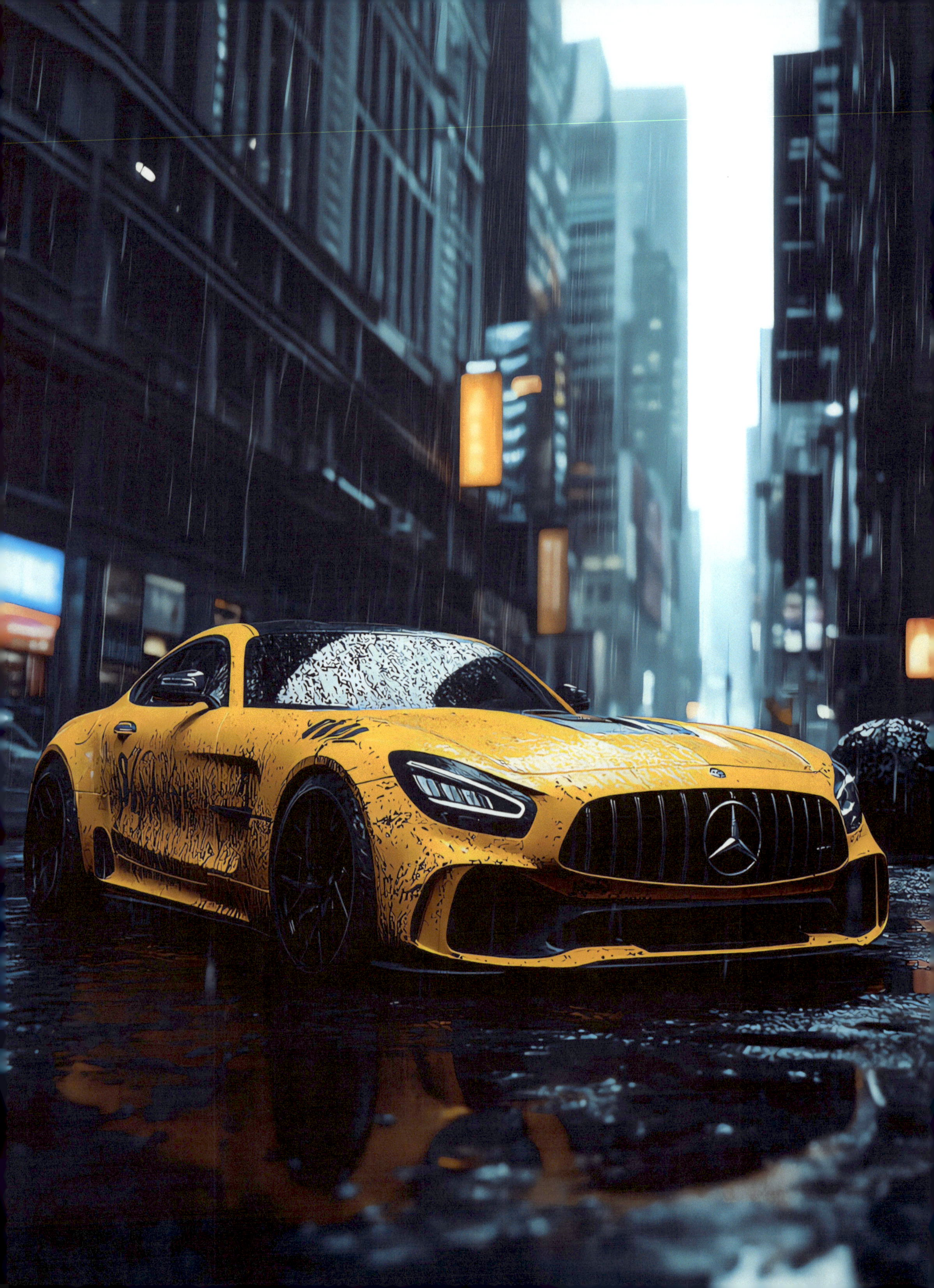

www.ingramcontent.com/pod-product-compliance
Lightning Source LLC
Chambersburg PA
CBHW040449220526
45473CB00004B/1565
9798302485212